JN024168

QRコードの奇跡

モノづくり集団の発想転換が
革新を生んだ

小川進

東洋経済新報社

はじめに

ＱＲコードを知らない人はほとんどいないだろう。一般的にＱＲコードとして知られるのは、正方形の中に、囲碁の盤のような格子状に白と黒の模様が配置されているものだ（図0−1）。数値や文字をコンピュータが読める形で表現する記号として、ＱＲコード以前に普及していたのはバーコードだ。バーコードは横方向にのみ意味があり、バーの幅の太さで情報を表現する。それに対してＱＲコードは、縦と横の二次元に白か黒の点を配列し、情報を表現する。二次元で表現できる分、ＱＲコードはバーコードと比較して大容量の情報を高密度に記録できる。

筆者がＱＲコードを初めて見たのは一九九六年、今から二十年余り前になる。当時、米国ビジネススクールの博士課程の学生として、調査のため愛知県の（ＱＲコードを開発した）株式会社デンソーの本社を訪問したのだが、そのときに社員から渡された名刺に印刷されていたのがＱＲコードだった。

同社へはバーコードの読取端末の開発について話を聞きに行っていたこともあり、私にとって情報を格納する記号はバーコードしかなかった。「なんだこれは？　見慣れない、変な模様だ。情報を格納するなら、バーコードで十分では？　必要とする人なんて出てくるのだろうか」。これが率直な印象だった。

図 0-1 ● QR コードとバーコード

POS用

製造用

68P44830IG

QRコード

バーコード

出所：デンソーウェーブ

それから二十余年。世の中は私の第一印象どおりには動かなかった（正直なところ、とても恥ずかしい。穴があったら入りたい気持ちだ）。日本だけを見ても、ＱＲコードはそれなしでは全体の仕組みが成立しえない鍵要素、キーストーンとして通信や交通といったインフラの変化を支えている。

そうしたインフラ革命は、新しい製品やサービスのように大々的にメディアを通じて発表される場合は少ない。あるいは、発表されたとしても導入時のみ話題となるだけで、その後でどのように普及、浸透したのか不明な場合が多いものだ。その意味で、ＱＲコードがかかわるインフラ事業では、静かなる革命が起こっている。

携帯電話のカメラでＱＲコードを読み取り、めざすウェブサイトにアクセスすることができるようになったのは二〇〇二年。空港のチェックインカウンターや自動チェックイン機で手続きすることなく保安検査場を通過し、飛行機に搭乗できるようになったのは二〇〇六年だ。

最近では、駅ホーム上の安全性を高めるため電車に貼り付けたQRコードを駅ホーム上のカメラで読み取り、ホームドアと車両ドアの開閉を行う仕組みが普及し始めている。

私たちの生活のインフラを支える仕組みの情報をやり取りする入り口として、さながら「小さな巨人」のごとくQRコードが活躍してくれているのだ。QRコードが静かなるインフラ革命を牽引しているといってもよいだろう。

今、QRコードは世界でもインフラ革命の担い手になっている。中国でお金のやり取りをする際に、QRコードがなくてはならないものになっていることは、最近の中国旅行経験者なら誰でも知っている。

二〇一七年の中国国内でのモバイル決済の利用者数は約五億六二〇〇万人、取引金額は二〇二兆九〇〇〇億元（約三四〇〇兆円）だといわれている。[1] モバイル決済で一般化しているのが、QRコードを使ったものだ。

中国の人々は、QRコードをスマートフォンで読み込み、お金のやり取りを行っている。日本におけるQRコード決済の利用率は約六%、アメリカでは約五%とされるのに対して、中国の普及率は九八%といわれている。[2] QRコードが、中国では決済という重要な局面でインフラ革命の主役となっているのだ。

ＱＲコードを開発したデンソーウェーブの社員から面白い話を聞いた。同社は、ＱＲコードを開発し、事業展開していたデンソーの産業機器事業部門が、システム機器株式会社（産業機器事業部の営業部門）と株式会社デンソーシステムズを統合して二〇〇一年に設立した会社だ。

二〇一八年のある日、中国から日本企業視察団がデンソーウェーブを訪問した。トヨタ自動車やパナソニックなど大手企業を訪問する中、当初は同社に興味を示していなかった視察団が、実はデンソーウェーブがＱＲコードを発明した企業だと知った瞬間、態度が一変したという。

視察団の人々は興奮し、記念撮影をしたいと言い出したり、中国に帰ってＱＲコードを発明した会社を訪問したことを自慢したいから、記念になるものは売っていないのかと社員に尋ねたりしたというのだ。

「中国の人にとって、それほどまでにＱＲコードが身近なもので、素晴らしい発見だと思ってくれているとは驚きました」と、同社の社員は話してくれた。

偽札の存在で現金の信用度が低いこと、スマホの普及、フェリカのようなＮＦＣ(3)を使った非接触型決済と比較すると、システム導入時の負担が少なく、決済手数料を低く抑えることができること、また、アリペイ（Ａｌｉｐａｙ）とウィーチャットペイ（ＷｅＣｈａｔ Ｐａｙ）を提供する巨大ネット企業が、決済の主要な方法にＱＲ決済を採用したこと、といった要因が普及の理由だといわれている。

アリペイとウィーチャットペイが、中国での電子マネー決済でＱＲコードを使うようになった経緯は、次のようなものだったといわれている。[4]

二〇一一年頃から中国IT企業のテンセントが開発した無料インスタントメッセンジャーアプリ「ウィーチャット」はネット接続するのに二次元コードをスキャンする方式を採用していた。

当時、すでに中国では、パソコンよりもスマホを使ったネット利用が主流であった。手入力よりも二次元コードをスマホのカメラで読み取って、ネット接続するほうが簡単だったからだ。そこで多く利用されるようになった二次元コードが、QRコードだった。

電子商取引で中国最大手のアリババグループは、後に述べるように、二〇一二年頃から電子マネー決済を電子商取引だけでなく、実経済でも利用できるように推進していく。そこでネット接続の手段として主流になっていたQRコードを電子マネー決済用に使うことを選ぶ。すでに中国の消費者は、スマホでQRコードを使ってネット接続する方法に慣れていたので、新たにネット接続する方法を教育する費用がかからないと思ったからだ。

QRコードは、第3章で紹介するように、特許権が行使されず無料で利用できた。その点もアリババグループにとっては魅力的だったのだ。その後、中国の（電子マネー）決済のほとんどは、ウィーチャットペイとアリババグループのアリペイを通じて行われるようになり、両社が採用するQRコードを通じた決済が中国の主要決済方法となったというわけだ。

日本でも、政府はキャッシュレス決済の比率を二〇二五年までに四〇％に高めることを目標としている。日本能率協会総合研究所によれば、ＱＲコード決済の市場規模は二〇二三年には約八兆円と巨大な規模になると推計されている。[5]

ＱＲコードは、日本と中国だけでなくアメリカやメキシコ、ヨーロッパでも広く利用されている。本書の出版を担当する編集者から、「そういえば」とオランダの事例を教えてもらった。オランダでは、ブロックチェーンの技術と組み合わせてのトレーサビリティを確認できるＱＲコードを使った仕組みが登場していて、コーヒー豆から普及が始まり、今は他の製品にも広がりを見せつつあるのだという。

ＱＲコードは先端技術の開発といった点においても、世界的な名声を獲得している。ＱＲコードの開発チームは、二〇一四年には欧州特許庁が授与する欧州発明家賞を日本で初めて受賞している。

こうした産業界での活躍で世界から高い評価を獲得するサクセスストーリーは、日本人にとって久しぶりに聞くものではないだろうか。世界の人々の生活を変えてしまうほどのインパクトを与え、普及し続けている技術は、開発にどのような背景を持ち、どのように生まれ、そして普及するに至ったのか。本書では、そうしたＱＲコードの道筋をたどり、いくつかの特徴を押さえつつ、そこから何を学ぶことができるかを考えていくことにしよう。

ＱＲコードとその読取機は、天才的な一人の経営者が市場の成長を事前に予測し、戦略を立案する中から開発されたものではない。生産現場の悲鳴に似た叫びから問題を認識し、解決しようとする中から生まれたものだ。

またQRコードは、バーコードとバーコードリーダー（読取機）の開発を源流とする。この前段階での気づきや学びがあって初めてQRコードは開発され、標準化や普及に成功したといってよい。それゆえ本書は、トヨタ生産方式向けのバーコードと読取機の開発にまでさかのぼったところから話を始める。

また、企業という単位で活動を記述するのでなく、企業を動かす個人や個人の集合体であるプロジェクトという単位での活動に焦点を合わせて経営現象に迫ろうと思う。経営では人を中心に見ることこそが、本質を捉える方法だと考えるからだ。

＊＊＊

本書の構成は、次のとおりである。

QRコードはトヨタ生産システムの核要素である「かんばん」のバーコード化を源流とする。なぜトヨタのかんばん情報を電子化し、バーコードにしなければならなかったのか。なぜトヨタでなくサプライヤーであるデンソーが、かんばん情報のバーコード化の必要性に気づき、開発を行うことになったのか。

当初はトヨタは、デンソーが考えた電子化されたかんばんの導入に消極的な態度を取った。

かんばん情報のバーコード化は、いくつもの困難を克服して実現されていくのだが、その推進者は誰だったのか。その推進者は、どのようにしてバーコード型かんばんとバーコードリーダーを開発していったのか。

また、開発されたバーコードリーダーはコンビニエンスストア向けに新市場を発見し、それによりデンソーのバーコードリーダー事業は急成長を遂げることになる。その着想は誰が得たのか、なぜデンソーのバーコードリーダーは、コンビニエンスストアに採用され、市場占有率一〇〇%を占めるようになるのか。第1章のQRコードの「源流」を読めば、こうした一連の疑問に対する答えを知ることができるはずだ。

トヨタ生産システムの重要な要素となったバーコードも、一九八〇年代後半からの時代の変化によって、不十分なものと認識されるようになる。消費の多様化、競争の激化、企業活動のグローバル化によって、トヨタグループの取り扱い部品、車種、仕入れ先、販売先が多様化したからだ。トヨタのかんばん方式がバーコードの格納量を最小単位とする管理では機能不全を起こそうとしていたのだ。

そうした現場の悲鳴に応える形で、QRコードの開発が始まることになる。バーコードに代わる情報格納シンボルの二次元シンボルは、すでにアメリカ発で既存のものが存在した。にもかかわらず、なぜデンソーは新たに開発することを選んだのか。

QRコードは誰によってどのように開発されたのか。開発に行き詰まったとき、どのような発想の転換が突破口を開いたのか。QRコードはどこがすごいのか。QRコードの名前の由来はなんなのか。名前をどのように決めたのか。こうした点について知りたい読者は、第2章のQRコードの「開発」をぜひ読んでほしい。

良い製品を開発したからといって、製品が売れるとは限らない。二次元シンボルは多くのユーザーに利用されて初めて効果を発揮するという特徴があり、多くの人々に利用されるためには標準だと認識される必要があるのだ。国内の一つの業界にとどまることなく多くの業界で国際的な標準として認められるには、多大な資金と労力をかけなくてはならない。政治力の駆使といった要素も不可欠だ。

QRコードはトヨタグループを超えた自動車業界で、日本を超えた国際的な標準としての地位を勝ち取っていく。こうした標準化は誰が中心になって実現していったのか。そこではどのような考えに基づいてどのような順序で標準化が行われていったのか。駆使された政治力とはどのようなもので、ポイントは何だったのか。政治力の源になるカネ、人脈はどのように作られ、活用されたのか。第3章の「標準化」を読むと、以上のような疑問について、答えを見つけることができるだろう。

第4章では、QRコードのその後の進化について紹介する。開発された後、事業インフラを支える仕組みの鍵技術として業務用で利用されるようになったQRコードは、一般消費者の生活場面でも利用されるようになる。しかも、QRコードの新用途は、実は日本が世界に誇るべきサービスと思える事業を支える形でデンソーウェーブ以外の企業によって開発された場合が多い。また、それ自体が進化を続けているＱＲコードの進化方向は、小型化、セキュリティの強化、デザイン化といったもので、どれもユーザー起点によるものだ。第４章「進化」は、そうしたさまざまな事業や公共のインフラを支える鍵技術として作動するＱＲコードの進化方向と、それが生まれた過程について述べている。

結章では、本書の内容をまとめ、ＱＲコードの源流、開発、標準化といった事例から、私たちはどのようなことに気づけたか、どのようなことを学べるのか、といった点を整理する。

＊＊＊

第1章から本論に入るが、ここで本書で紹介するＱＲコードについて、必要最低限の三つのポイントを押さえておこう。

第一のポイントは、ＱＲコードは自動認識技術の一つだということだ。自動認識とは「人が管理したい動物、植物、物、情報などに付加された情報を担うもの（データキャリア〔情報担体〕）のデータを、人が直接、識別するのではなく、データ処理システムを伴った読取機を介して識別すること」だ。(6)

そのことは、ＱＲコードが読取機（ＱＲコードリーダー）とセットで機能を実現することを意

写真 0-1 ● QR コードと読取機（QR コードリーダー）

出所：デンソーウェーブ

味する（写真0−1）。それが第二のポイントだ。

第三のポイントは、ＱＲコードは先に挙げた「情報を担うもの＝情報担体」の一つだということだ。情報担体には、さまざまな種類があり、代表的なものでいえば、一次元シンボル（例としてはバーコード）、二次元シンボル、ＲＦＩＤ、ＯＣＲ、磁気カード、接触式／非接触式ＩＣカード（一番身近な例は、Ｓｕｉｃａで使われているフェリカ）といったものがある。

ＱＲコードは、これらの中の二次元シンボルの一つにあたる[7]。本書でいうシンボルとは、何らかの規則性を持った形態のことだと思ってもらえば、十分だ。また本書では、シンボルとコードを同じ意味で使うことにする。

以上のことを押さえたうえで、第1章で、ＱＲコードの源流を訪ねることから始めよう。

QRコードの奇跡　目次

第3章 標準化──国内単一業界から国際多業界へ 99

第4章 進化——企業ユーザーだけでなく消費者も 151

結章 QRコードを通じて経営を考える——革新の神が宿るところ 195

ＱＲコードは、株式会社デンソーウェーブの登録商標です。

第1章

源流——アナログかんばんから電子かんばんへ

「かんばん」とNDコード

QRコードを開発したデンソーは、一九四九年にトヨタ自動車工業の開発部門の一つだった「電装部」が「日本電装株式会社」として分離独立し、トヨタ自動車などへの部品供給企業から成長を遂げ、一九九六年に「株式会社デンソー」に社名変更した会社だ。

QRコード誕生の歴史は、デンソーのバーコード開発の話を抜きに語ることはできない。それが同社のQRコード開発の源流だからだ。

同社は一九七五年に独自のバーコード、NDコードを開発している。NDコードについて最初に説明しておこう。NDコードは、必要なときに必要なものを必要な量だけ生産するトヨタ生産方式の核要素である「かんばん」に載せる情報をバーコードに格納するものだ。

バーコードはQRコードと同じ情報処理用の記号で、コンビニエンスストアやスーパーで商品パッケージに印刷されている黒と白の縦長の棒が横に並んだあの記号だ。

世界初のバーコードは一九四九年、米ドレクセル大学の大学院生だったバーナード・シルバーとノーマン・ジョセフ・ウッドランドが発明し、一九五二年に特許を取得している。NDコードは、このバーコードの考え方をもとに開発されたものだ。

写真1-1にあるように、NDコード化された「かんばん」は、三つのポケットがあるビニールケースに入れられている。ポケットの一番左には仕入れ先の情報、中央のポケットには当

写真 1-1 ●従来型かんばんとNDコード型かんばん

NDコード導入以前のかんばん

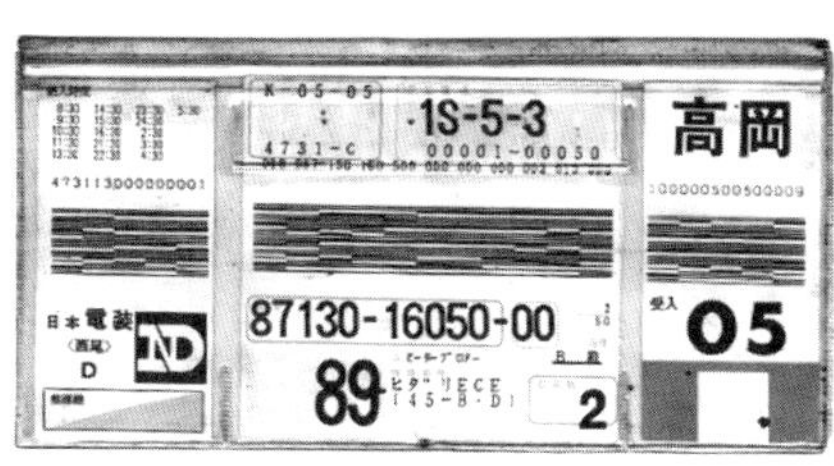

NDコード導入後のデンソー製品かんばん

出所：野村政弘

該部品（製品）の情報、一番右には納入場所の情報がバーコード化されて入っている。仕入れ先、品目、納入場所に変更があった場合には、対応するポケットに入っている部分を差し替えるだけでよい。このかんばんで、何をどこから仕入れ、どこに置いておくかがわかるようになっている。

少し細かくなるが、NDコードの仕様について説明しておこう。バーコードは、捨てバー、データ部、インデックス部、チェックデジット部により構成される。表示桁数はデータ部五七桁、整理番号部三桁、チェックデジット三桁の計六三桁からなる。

NDコードの開発者

NDコードの開発者(1)は、野村政弘(2)である。一九七一年から始まったトヨタ生産方式のデンソー導入に、トヨタ自動車から派遣された八名とともにデンソー側の事務局メンバーとして尽力した人物である。

野村は一九四二年生まれ。一九六五年に名古屋工業大学で第一期生として経営工学を学んだ後、当時の日本電装（現・デンソー、以下、デンソー）に入社した。野村の実家が、当時は木造だったデンソー本社から歩いて約一〇分の場所にあり、小学生の頃は本社を横目に見ながら通学していた。

野村にとって同社は非常に身近な存在で、しかも、父が電気工事店を経営していたことや、自身が大学生時代、電子制御に興味があったこと、QC（品質管理）を専門とするゼミの指導教員だった草場郁郎の紹介でデンソーに見学に行ったこともあり、どうしてもデンソーに入りたいと思っていた。

写真1-2 ● 1982年当時の野村政弘
出所：野村政弘

ところが、四年生の就職活動の時期になって、同じ研究室から野村を含めた四名がデンソーを志望する事態になってしまい、指導教員の草場は困ってしまった。野村がどうしてもということで、草場が他の三人を別の会社に紹介し、野村は晴れて念願のデンソーに入社することになる。

入社した野村は、生産管理部に配属され、生産管理の理論と実践を学んでいく。IE（インダストリアル・エンジニアリング）

に関連する仕事に携わり、たとえば、科学的管理法に基づく標準作業、標準時間の設計を行っていた。

また、トヨタグループ八社で行っていた研究会にデンソーから派遣されて参加し、システム工学やOR（オペレーションズ・リサーチ）の勉強をする機会を得る。この研究会は、東京大学工学部の教授で航空工学の専門家だった近藤次郎を中心とするもので、トヨタグループ各社から一人ずつが参加しており、主にトヨタ自動車本社で開かれた。

勉強会に参加するために、野村は近藤が執筆した教科書『システム工学』（丸善、一九七〇年）でシステム工学を勉強した。野村は、自身の発表回では季節変動品の生産計画を作るにはどうしたらよいかを、線形計画法で求めていたものを発表した。

野村は生産管理部の仕事として、季節変動品であるヒーターとクーラーの二製品をどのように組み合わせたら一年間、平準化された生産ができるかをコンピュータを使って計算していた。使ったコンピュータは、野村の入社一年目にデンソーに最初に導入された日本電気製NEAC2200だ。

野村は、大学三年からプログラム言語を独学するほどコンピュータが大好きで、指導教員の草場のところに来たコンピュータの講習会に草場に頼み込んで、代わりに出席させてもらうほどだった。野村にとっては、デンソーに入社したら、目の前に憧れのコンピュータが存在していたというわけだ。

このコンピュータをなんとか使いたいと思い、プログラミング言語のＦＯＲＴＲＡＮを独学していた野村は、生産管理部の仕事という口実を作り、技術電算部に配属されていた同期入社の知人に頼み込み、コンピュータを使わせてもらった。

プログラムを作ってコンピュータに計算させると、どんな難しい計算でも答えを出してくれる。野村は作業を始めると夢中になってしまい、計算に一分間六六〇円がかかるコンピュータで、計算処理に四四時間も費やし、上司に大目玉を食らうこともあった。それでも、野村はコンピュータを使えることが楽しくてたまらなかった。

後日談だが、野村は結果的に技術電算部からは感謝されることになる。当時、コンピュータは導入されたばかりで、事務電算と技術電算でどのように時間配分するかという議論がデンソー内でなされていた。

実は技術電算部では、長時間コンピュータを使うテーマが少なくて苦戦していたのだ。そんな中、野村が技術電算部の業務という形でコンピュータを使って実績をあげていたので、以降の時間配分で技術電算部が優位に立つことになったのだ。企業内にコンピュータが普及し始めた頃だったからこその話だ。

トヨタ生産方式に触れる

デンソー内の仕事でＯＲを駆使して、生産管理とコンピュータの知識や技能を身につけていった野村に大きな転機が訪れたのは一九七一年だった。この年に、トヨタ自動車から鈴村喜久男と、のちにトヨタ自動車社長となる張富士夫の二名を団長とする八名がデンソーに二年間常駐し、トヨタ生産方式をデンソーに導入することになったのだ。

トヨタは一九六一年頃からモノづくりの方式として、トヨタ生産方式を体系化し、全社展開していた。トヨタは同方式が自社内だけでなく、仕入れ先部品メーカーとの連携でさらに効果を発揮すると考え、グループ各社への導入を考えたのだ。そのデンソー側の事務局に野村が抜擢されたのだ。

野村はまず、トヨタ生産方式を学ぶためにトヨタ自動車で当時、部長をしていた杉森胖が『トヨタマネジメント』（トヨタ自動車購買管理部発行）という雑誌向けに一九七一年七月号から一〇月号まで四回シリーズで執筆した連載記事「企業とかんばん」を読んでみた。野村が手に入れたのは、発刊前の手書き原稿だった。

「なんだ、これは？」というのが最初の印象だった。野村はＯＲを学び、ＯＲの手法を使えば大量生産を効率的に行う最適ロット数を算出できることを知っていた。最適生産量を導出するモデルが正しいと思っていた野村にとって、「かんばん」方式の考え方には違和感があった。野村は、次のように説明する。

「たとえば、プレスがわかりやすいのですが、プレスには上型と下型とがあって、それで鉄を挟んで成型します。別の型のプレスに入れ替える（段取り替えをする）のに、四時間かかるとします。それだけ時間がかかってしまうなら、一つの型である程度の数を生産してから別の型の生産に移ったほうが、効率的なはず。ORの手法を使えば、そのときの一つの型当たりの最適ロット数を求めることができました。ORにかぶれていた私は、トヨタのかんばん方式は、最適解を無視するとんでもない方式だと思い込んでいたのです」

当時のデンソーの白井武明副社長（のちの社長）は、野村がトヨタ生産方式に何か不信感を持っていることを察していた。そこで白井は、野村を社長室に呼んで諭した（当時の社長室は大部屋で、主な役員の席も社長室にあった）。

「新しいものに取り組むときには、最初から批判するのではなく、とにかくやってみることが先決だ。二年間黙ってトヨタさんの言うことを聞いて、そのとおりにやってみてくれ」と言い聞かせたのだ。「まず、黙ってやってみる、この考え方がまさにトヨタ生産方式の考え方でした」と野村は当時を述懐する。

大野耐一からの薫陶

白井の命を受け、ある日、生産管理部の上司（次長）大矢義夫と二人で、トヨタ自動車にトヨタ生産方式について話を聞きに行くことになる。トヨタで出迎えたのは、後にトヨタ生産方式の父と呼ばれ、当時は同社の専務で野村の大学の大先輩にあたる大野耐一だった。

大野は約半日をかけて、本社工場を隅から隅まで回り、トヨタ生産方式について丁寧に説明をしてくれた。説明を聞いている間、野村はその場、その場の説明には納得できても最適ロット数のことがどうしても頭から離れず、腑に落ちるまでには至らなかった。

この訪問で違和感を払拭することができなかった野村が直接、大野に自分の疑問をぶつけることができたのは、大野をデンソーに招いたときだ。トヨタ生産方式についてデンソー社員が話す講演会を企画し、大野が来社したのだ。一九七一年一〇月五日、講演タイトルは「企業とかんばん」だった。

講演が終わると、大野は大学の後輩である野村に、「おまえの工場を見せてみろ」と案内を促した。野村はチャンスだと思った。大野を工場に案内することになって、大野と自分の二人きり、誰に気兼ねもせずに質問できる状況が訪れたのだ。

そこで思い切って大野に質問してみた。「大野さん、一つ教えてほしいのですが、よろしいでしょうか。これだけはどうしても理解できないのです。私は数学をやっていました。ORだと最適ロット数というものがあります。段取り替えに時間がかかることを考えれば、同じものを生産する最適数があるのではないでしょうか。かんばん方式には、それがありません。最適解が決まってよさそうですが、それでも、ロット数はその最適解より小さくなったほうがよいということでしょうか」と。

大野の答えはシンプルで、「このパラメータにある段取り時間は誰が決めた？」というものだった。

人間の知恵は無限だ。知恵を絞って段取り時間を改善で短くしていって、限りなくゼロになったら段取り替えという考え自体、必要なくなるではないか。「ああ、そうだったのか。これだ。これがトヨタ生産方式だ」。大野の答えに、野村は頭をガツンと殴られたような衝撃を受けた。

「優しい言葉でお話しいただきましたが、私は大きなショックを受けました。私の若さが身にしみた一瞬でした。これがトヨタ生産方式かと。目から鱗とはこのことで、得心がいきました」と野村は語る(3)。

このときをきっかけに、野村は、デンソーではトヨタ生産方式に関する一番の信奉者となり、その後、トヨタ自動車からの常駐者とともに二年かけて、デンソーの全工場にトヨタ生産方式を導入していくことになる。

かんばん方式のアキレス腱

「これはなんとかしなくては」。デンソーの工場へのトヨタ生産方式の導入を開始し、現場に立ち会うようになると野村はトヨタ生産方式、いわゆる「かんばん」方式が抱える問題にすぐに気づいた。トヨタ生産方式を導入すると、生産現場に大きな負荷がかかってしまうのだ。

まず、人手が取られるようになる。かんばん方式では、原則として製品が売れる（後工程で製品が次の工程に進む）たびに、前工程にかんばんを回して部品を発注する。その結果、納品が多回納品（多頻度納品）になる。

納品のたびにトラックから何十種類もの部品が入ってくる。そのたびごとに製品や部品が正確に納品（出荷）されているか確認しなくてはならない。検品作業を確実に行うには、一人では十分ではないので、二人で読み合わせをし、さらに一人がその作業を確認する。つまり、三人が検品作業に必要になる。

野村がさらに問題視したのは、トヨタへの部品の出荷（トヨタへの納品）があると、出荷側のデンソーが数種類の伝票を起票しなくてはならないということだった。起票されるのは、納品伝票、支給伝票、受領伝票、売上伝票の四種類だ。それを生産現場で行わなくてはならない。これは野村にとって、見過ごすわけにはいかない大問題だった。

起票された伝票のうち、納品伝票と受領伝票は納品時、次のようにやり取りされる。

デンソーがトヨタに納品する場合、部品とともにトヨタから回ってきたかんばんをトヨタに返却する。それに加えて、トヨタの受け入れ場所では納品伝票と受領伝票に印が押され、トヨタは納品伝票だけを受け取り、受領伝票はデンソーに戻される。

デンソーは、かんばんと受領伝票を持ち帰る（この後、双方では伝票のコンピュータへの入力作業が続くが、ここでは、これ以上は触れないことにしよう）。

こうして、発注（納品）のたびにデンソー側（前工程）に伝票を作成する作業が必要となり、膨大な事務作業が発生していた。野村は説明する。

「かんばんの作成・修正・回収といった作業もありますし、トヨタ側は、かんばんを前工程に渡すだけですが、こちら側では納品書と受領書の伝票を起票しないといけません。納品は一時間に一回、一日一六回ありますから、作業量が膨大になるのです」

多回納品は、モノづくりを専門とする現場の人たちに強いるべきではない作業を発生させてしまっている。前述のとおり、大学時代からコンピュータが大好きだった野村の脳裏に、解決方法はすぐに浮かんだ。

かんばんを情報化できれば、「チェックできるではないか」「伝票を自動的に作成できるじゃないか」と野村は考えたのだ。コンピュータを使えば、かんばん方式の導入が現場の人たちにかける余計な負荷を軽減できるのではないか、かんばん方式そのものよりも、確かな運用に向けた支援ができるのではないかと考えたのだ。

そのために必要なことは、「かんばん」をデジタル情報化する、つまり、コンピュータで読めるようにすることだった。

「トヨタは、かんばんをこちらに渡すだけ。こちらは、そのために検品や伝票の起票といった膨大な作業が発生する。トヨタではなくデンソーが『かんばん』の情報化、バーコード化を考えるようになったのは、そういう事情があったからではないでしょうか」

野村は、どうしてトヨタでなく、デンソーからかんばんの電子化が始まったかを、そのように分析する。

かんばんを徹底的に分析する

野村の試みが画期的だったのは、「かんばん」をトヨタ生産方式における「情報媒体」と見なした点だった。それゆえ、絶対に守らなければならない課題は「かんばん」の情報をコンピュータに入力するとしても、そのことでトヨタ生産方式の運用が阻害されないようにする、ということだった。そのための条件を野村は次のように整理した。(4)

第一に、「かんばん」はすべての製品・部品に取り付けられる。
第二に、「かんばん」は繰り返し使用される。
第三に、「かんばん」はそれ自体が生産の指示書である。
第四に、「かんばん」の生命はその枚数の管理にある。
第五に、「かんばん」は売れたとき以外は取り外してはならない。
第六に、「かんばん」は何をどこからどこへの運搬の指示書でもある。
第七に、工場内のいかなる工程でも例外なく使用できる。
第八に、高速に読み取れる。
第九に、「かんばん」だけですべての情報が収集できる。

これらの九つの内容を検討し、野村は、かんばんは工場内の生産活動のすべてがわかるようになっていることを理解した。かんばんさえ見れば、すべての情報がわかる。設計変更や工程変更があった場合、かんばんはそれに合わせて作られる。

項目としては最小限、品番、数量、工程（何を作る、どこで作る、どこに置いておく）が必要で、少なくとも六〇桁の情報が必要だと整理した。それだけの情報があれば、かんばんの情報のみから取引の伝票までも作成することができた。

こうしたかんばんを情報媒体にするには、「ビニールケースに入った（仕入れ先、品目、納入場所のそれぞれを表示部分とした）三分割のものを、大きな文字や数字を表記して、取り付け用のゴムひもや金具を付けたままで高速で読み取れる」ようにする必要があった。

かんばん情報を何に格納するか

野村は国内事情については、電算部にいたときに付き合いのあったプリンターメーカー、コンピュータメーカーやレジメーカーに片っ端から問い合わせ、アメリカの事情については、日本NCRを通じて入手し、当時、考えられる情報化の方法をすべて調べ上げてリスト化した。最終的にコンピュータ入力の手法としてリストにあがってきたのは次の四つだった。パンチカード、OCR（光学的文字認識）、磁気カード、バーコードだ。この中でパンチカードがコンピュータ入力では当時の主流だった。

読み取り手法の検討項目は七つ。汚れに強いこと、長期間使えること、ビニールケースで使えること、目で見えること、三分割可能であること、多桁のデータを格納できること、見えやすい文字表示ができること、である。

かんばんは、その部品の生産がモデルチェンジで設計変更されるまで、何年にもわたって繰り返し使用される。自動車部品の場合、寿命は二年以上になる場合が多かった。そのため補強用としてビニールケースに入れて使われる。まず、かんばんはプレス工程や機械加工工程といった油を使用する工程では油汚れが激しく、かんばんを読み取ることが非常に難しかった。比較検討の際に最も重視されたのは、製造現場のような過酷な利用現場で、長期間にわたり安定した性能を発揮し続けられることだった[5]。

パンチカードとOCRは汚れに弱く、磁気カードは記録内容を目で見ることができないといった点で問題があった。また、OCR、パンチカード、磁気カードは、ケースから取り出さないと読み取ることができないという点も短所だった。

他の三つの入力方式と比較して、バーコードは、ある程度汚れに強く、ビニールケースに入れたままで読み取れたため、有力候補として残った。

ただしバーコードも、汚れと、ケースに入れた状態での読み取りが万全ではなかった。それは、当時、バーコードの読み取りをペン型のもので行っていたからだった。ペン型のものでは光センサーを一個使い、バーコードをなぞるものだった。この方式は、正確に読み取るうえでバーコードをなぞるときのコツが求められた。

また、長期間、同じかんばんを使っていると、ペンのなぞり跡が汚れたり、かんばんを収納しているビニールケースの上にペン跡が残ったりして、読み取り精度が落ちる危険性が出てくるという問題があった。こうした問題を解決する方法として、レーザー方式で読み取る方法もあったが、人体への影響が不明確で価格も高価だったため、選択肢に入らなかった。

開発予算を確保する

既製品のバーコードとバーコードリーダーでは、かんばん方式で十分な効果を期待できない。野村はバーコードとバーコードリーダーの独自開発が必要だと思った。

予算は、生産技術部と生産管理部を束ねていた専務取締役（当時）の青木勝雄に相談した。青木はデンソーで最初にトランスファーラインを導入した人物だ。

トランスファーラインとは、特定の品種を連続的に繰り返し生産する大量生産で、加工手順に従って配列された工程系列で行われる作業を機械で自動的に行うものを指す。青木は研究開発の予算を握っていた。

野村からの相談に青木は、「やったらええよ。俺がハンコを押すから」と快諾する。野村に全幅の信頼を置いていたのだ。どうして青木は野村を信頼していたのかとの問いに、野村はこう答えている。

「まず私が名工大の草場先生の紹介で入社していたことがあるのではと思います。草場先生はデンソーが昭和三六（一九六二）年にデミング賞を受賞したときの審査員の団長でした。私が名工大の新設学科の経営工学科の第一回生なので、草場先生からデンソーに『大切に育ててくれ』とおっしゃっていただいたのかもしれません。

また青木さんは、トランスファーラインの第一人者で、講演依頼が多く、発表用のチャートを作るのを私が引き受けていたということもあるかもしれません。当時はB紙（模造紙）という大きな紙に手書きで書く方法だったので、時間がとてもかかり、夜遅くまでかけて完成させていたのを見ていたのかもしれません。

それから、青木さんのトランスファーラインの稼働率を最大化する工程間のバッファー量をコンピュータのシミュレーションで求めて、青木さんに提案するということもしました。最後に、青木さんは、トヨタさんにかんばん方式を教えていただいたものの、なんとかデンソー独自の方法を編み出したいと考えておられたのではないか、というのがポイントだったのかもしれません。

トヨタさんからのかんばん方式のご指導は終わりました、と青木さんに報告に行ったところ、『これで、みっちりトヨタさんから学ぶことができた。これからは野村君がデンソーならではの独自の方法を考えてくれ』とお話をいただきました。そのとき、『お金が必要ならなんとかするから』とも、そういえばおっしゃっていただきました」

こうして、青木の後ろ盾を得て、野村が設備管理部に予算申請の話を持っていくと、「専務の別枠予算から出すしかないなぁ」と、そこから出してくれることになった。

当時、「青木枠」と呼ばれていた、専務の自由になる予算があったのだ。青木の後ろ盾のおかげで、野村はバーコードとバーコードリーダーを含むバーコードシステムの独自開発に取りかかることができた。

バーコードリーダー開発の同志を見つける

バーコードの開発を検討し始める一方で、野村の頭を悩ませていたのが、バーコードリーダの開発だった。コンピュータにバーコード情報を入力し活用するには、バーコードを読み取る機器、バーコードリーダーの開発が必要だったのだ。リーダーを開発するには、今のままでは人手も関連知識も足らないと野村はうすうす感じていた。

そのとき、野村に幸運が訪れた。野村が電算部にいた一九七四年の話だ。七三年一〇月に野村は、かんばんのバーコード化を行うため、生産管理部から電算部に異動していた。表面上は、補給部品の在庫管理システムの仕事をしつつ、裏でかんばん情報をバーコード化する方法を探っていた。

野村が自分の席で仕事をしていると、少し離れたところで気になるやり取りがあった。当時、電算部の課長だった稲葉健郎のところに、電子事業部にいた岡本敦稔と岡本の部下の仲野禎明がやって来て話をしている。

野村は岡本とは知り合いだった。岡本は一九三五年生まれで、名古屋大学工学部で電気工学を学び、中途採用で一九六三年にデンソーに入社した人物だ。当時、電子事業部の課長で、通産省の安全実験車の実証実験のプロジェクトでアンチスキッドブレーキの開発を進めていた。

このとき、初めて車にコントローラを載せてブレーキ制御で車の横滑りをコントロールする研究をしていた。野村は岡本が実験しているところを見たことがあり、バスが横滑りする姿に迫力を感じ、実験風景がまぶたに焼きついていた。その岡本を遠目に見ていると、彼は稲葉に追い返され、しょげ返って自分の部署に帰ろうとしていたのだ。

野村はそこを呼び止めた。「岡本さん、どうしたん?」との野村の声に反応した岡本は、目で「こちらへ来い」と野村に合図し、自分の机のところまで連れていった。岡本は自分の机の後ろに置いてあったミニコンを指差して事情を説明し始めた。

「これが富士通のFACOM-Rだ。いずれこれがもっと小型になって車に積む時代が来る。だからコンピュータを使う技術が欲しいんだ。ハードウェアは俺がなんとか開発できるが、それを動かすにはアプリケーションが欲しいと思って稲葉さんのところに『ミニコンを何かに使いたいんだが、何か使う用途はありますか』と相談に行ったんだ。稲葉さんからは、『電算部が抱えているテーマには、そんなミニコンでできるような簡単なものはない』と言われて追い返されたよ。それは見てのとおりだ」

「それは良い話を聞いた」と、野村は思った。そして、岡本に自分が今考えている「かんばんに付けるバーコード」を読むバーコードリーダーの開発話を持ちかけた。

「私は、工場のＦＡ（ファクトリー・オートメーション）をやりたいと思っている。車にコンピュータを載せる前に工場で動かせるコンピュータが欲しい。それからできればバーコードを読み取る機器も開発したい。それを岡本さん、やってくれないか」とストレートに頼んでみた。

話を聞いた岡本は、「それは面白いじゃないか。やろう、やろう」と乗ってきて、一呼吸を置き、野村に質問した。「ところで、バーコードを読む機器って、いったいどんなものなんだ？」

独自開発を決める

実は野村は、岡本の疑問に即答できるほどの知識を持ち合わせていなかった。そこで、後日、固定型のレーザー方式でバーコードを読む機械のメーカーである松下電工に機器の見学を申し入れ、岡本を誘って一緒に行くことにした。

松下電工の見学と聞いて岡本は喜んだ。しかし当日は、予定がすでに入っていたため実際に見学に行ったのは、野村と、岡本の部下である仲野ともう一名の計三名だった。

バーコードリーダーの中身はどうなっているのかを知りたいデンソーの三名は、一計を案じた。説明に出てきた松下電工の担当者に野村があれやこれやと質問をぶつけ、先方の注意をそらす。その間に仲野ら二人がバーコードリーダーの蓋を開け、中の回路がどのようになっているかを確認するという作戦だ。

三人が松下電工に着くと担当者に会議室に通され、話が始まった。野村は、担当者の注意が自分に向くように立て続けに質問をして会話が途切れないようにする。仲野らは、相手の答えにへぇ、ほぉと大きな声で相槌を打ちながら、手だけを、目の前に出されている見本の機械に伸ばし手際良く蓋を開け、気づかれないように、そっと覗いた。作戦をなんとか成功させなくてはならない。背中に冷や汗をかきながらの連携プレーだった。

「任務」をなんとか遂行して面談を終え、松下電工を出るとすぐに野村は「どうだった」と仲野に尋ねた。仲野は「あれならうちでも作れますよ」とはっきりと答えた。かんばん方式用のコンピュータとバーコードの読取機を独自開発することが決まった瞬間だった。

その後、三人はデンソー本社に帰り、岡本に一部始終を報告した。「おぉ、そうかぁ。うちでできるかぁ」と子どものような笑顔を岡本は見せて喜んだ。「よぉ、見てきてくれたなぁ」と部下の労をねぎらいながら、目はしっかり野村を見ていた。野村もその意味はよくわかっていた。

野村と岡本には、電算部と電子部にそれぞれ本業があった。野村は補給部品の在庫管理システムの開発、岡本はアンチスキッドブレーキ（今のアンチロック・ブレーキングシステム［AB

S」）などの電子回路の設計だ。「かんばん」の電子化プロジェクトは、お互いに本業をこなしながらのアングラ的開発になることを二人は口に出さずともわかっていた。覚悟はできていた。そのアングラ開発こそ、二人が今、一番取り組みたい仕事だった。

実は、野村からの誘いは、岡本にとって渡りに船だった。ちょうどこの頃、岡本が所属する電子部で非自動車領域への事業展開を探る動きが起こっていたのだ。岡本は当時の様子を次のように語っている(6)。

「一九七四年です、第一次石油ショックが起きました。あのときトヨタさんが、石油がなくなってては自動車も動けるかどうかわからない、自動車の電子化どころではない、と言われました（中略）それでは、自動車ではないところの商売をやらなくてはいけないと思ったのです、僕なりに、です。でも、トヨタさんが無関係になると、また良くないのです。では、何をやったらよいかなと思ってやったのが、トヨタさんの『かんばん』になるバーコードです」

こうして電算部の野村と電子部の岡本との「かんばん」電子化プロジェクトが立ち上がることになった。

プロジェクトを進めるにあたっては、野村が「青木枠」と呼ばれる専務の別枠予算を確保したのと同じように電子部でも開発の予算を確保する必要があった。とはいえ、大きな資金を確保する必要はなかったので、岡本は表立って予算として計上することはしなかった。

開発内容にバーコード情報を処理するコンピュータが含まれていることをいいことに、バーコードの開発を車載コンピュータの開発と装って決裁を取ったり、他の自動車関連案件の中に開発項目を潜り込ませて予算を確保した。

NDコードの誕生

バーコードリーダーの独自開発を決める一方で、かんばんで伝える情報を読み取る方式をバーコードと決めた野村にとって、次の課題となっていたのは、「バーコードはどのような形のものにするのか」ということだった。

バーコードは一般的に、ある文字数を一つの固まりとして扱い、それを一つの単位として読み取る方式だ。読み取りをリーダーで正確に行うには、一単位にあたるバーコードの桁数を大きくすることに限界がある。

野村は当初、バーコードで八〇桁が必要だと思っていた。当時の取引情報を取り扱うのに七六桁分の情報を使用していたからだ。チェックデジット用などを考えると、八〇桁が必要となる計算だ。

しかし、実際は印刷する用紙の面積と、エラーなく読み取れる密度を考慮すると、どうしても八〇桁にするのは無理だと思ってもいた。それでも、六〇桁以上ないとシステムにならない。バーコードの桁数を決めるにあたって、岡本が率いるバーコードリーダーの開発部隊に野村は強く主張していた。

野村がどうしても二〇桁以上の情報が欲しいと言い張るので、岡本が妥協案を出した。「ならば二一個、横に並べてはどうか」と返したのだ。二一個あれば三桁×二一で六三桁、六〇桁をなんとか超えているので、これでやろう。野村は岡本案を呑むことにした。

そうしたやり取りの結果、一つのバーコードを一ブロック三桁の情報とし、二一個並べて六三桁の情報を扱えるようにした。どこで切り取っても、読み取りが可能なものだった。

こうして完成した「かんばん」用バーコードは、デンソーの当時の社名である日本電装の英語表記、Nippon Densoの頭文字を取って「NDコード」と名づけられた。特許は、野村にバーコードリーダーの開発者二人を加えた三人の連名で一九七六年二月一八日に申請された。

バーコード印刷の苦労

NDコードの設計図を完成させただけでは、かんばん方式を動かすことはできない。バーコードの設計品質と同じく重要なのは、バーコードの印刷品質だ。実は、コンピュータへの入力方法にバーコードを使おうと野村が考え始めていたとき、日本NCRの知人が野村に、次のようなアドバイスをしたことがあった。

「OCRにしておきなさい。バーコードは読み取れるものにするための印刷が本当に大変です。わが社では、読み取り精度が悪いので、緑と黒の二色バーコードを検討しているほどです。それぐらいのことをしないと精度が上がらないのです」

知人からアドバイスされても、野村の考えは変わらなかった。「そうは言っても、やはり僕は絶対バーコードだと思う」と野村は言い張った。両者とも自分の立場を譲らず、口角泡を飛ばす議論になるほどだった。

「悪いことは言わない。バーコードだけはやめなさい。読み取ることができない。バーコードを作るのにどうやって作っているかがわかっていますか。後悔しますよ」とまで、野村はその知人に言われた。

確かに当時は、漢字プリンターもなく、バーコードを作ることはままならなかった。思案の末、野村が思い当たったのは技術電算部にあるデンソーの製品の設計図を描く機械、プロッターだった（写真1－3）。

プロッターはコンピュータの周辺機器で、プリンターに似た機能を持ったものだ。プリンターとの違いは、紙に直接文字や図を、印刷するのではなく、ペンを紙の上に実際に走らせて図

写真 1-3 ●技術電算部で使っていたものと同じタイプのプロッター

出所：野村政弘

面を描くという点だ。

座標軸（x座標とy座標）上に二点を指定し（ベクトル文字）、それをプロッターで作図する。プロッターでは、バーコードの線の一本一本をペンで描く。細い線は一回で描けるが、太い線は三回に分けて少しずつずらしながら描いて一本のバーにする。

こうした作業をバーコードの二一ブロックを構成する線のすべてについて行った。表示する文字についても同様で、大きく太くするには何回かに分けてずらしながら描く必要があった。

コンピュータを動かすプログラムは、野村自身が勉強して書いた。バーコードだけでなく、漢字もアルバイト一〇人を雇い、ベクトル文字で登録し、プロッターで描けるようにした。

技術電算部には、プロッターが何十台も並んでいた。同部の課長が野村の同期だったので、

「夜中は使わないだろう。ちょっと貸してくれ」と頼んで使わせてもらうことにした。誰もいない夜中に、何十台もあるプロッターを全部動かして作業をした。一メートル二〇センチほどの紙約一〇〇枚の上にプロッターのペンが夜通し動いてバーコードを描いた。

しかし、こうした努力は残念ながら実らなかった。プロッターで描いたものはインキで出力したものなので、水でさえにじむものだったのだ。油で汚れることが予想される自動車工場で使うことが難しいとわかるまで、時間はかからなかった。

そこで、自動写植機にバーコードを漢字の外字として登録して、写植印刷する方式を取り入れることにした。自動写植機は、神崎製紙が開発したものを使った。神崎製紙は、旧王子製紙の神崎工場が独立した兵庫県尼崎市の製紙会社で、アート紙や特殊紙ではトップのメーカーだった（後に、一九九三年に王子製紙と合併して、新王子製紙と社名変更）。

神崎製紙は、コンピュータを使って自動植字して印刷するCATS（Computer Automated Type Setting）という写植印刷機を開発した。文字画像をあらかじめ登録しておいて、文字コードからコンピュータで画像を取り出して印刷の版下を作り、印刷機で印刷するものだ。一枚から印刷を受託できるところに特徴があった。

神崎製紙はCATSシステムの売り込みにトヨタ自動車を訪れた。その際、トヨタ側の人間が、これは「かんばん」の作成にちょうどいいと、デンソーの野村を紹介したのだ。野村は当時、すでにトヨタの一部にかんばん情報のバーコード化の話をしていて、偶然、そのことを知っていた者が神崎製紙に紹介したのだ。話を聞いた神崎製紙の営業担当者は、トヨタからの帰りにデンソーに立ち寄り、野村を訪ねた。それが、神崎製紙と野村との付き合いの始まりだった。

野村は自分が考えるバーコード仕様を説明し、開発の可能性を尋ねた。「なんとかやってみます」と神崎製紙の担当者は答え、帰っていった。その後、神崎製紙は総力をあげて開発に成功し、ＮＤコード付き「かんばん」を完成させた。

神崎製紙の「かんばん」は印刷インキを使って印刷するので、油に強く、油にじみの心配はなくなった。もちろん、トヨタの油を使ったテストは、神崎製紙側で十分行ったうえで採用を決めた。

リスク管理や調達コストを適正にするために「かんばん」は、当初から二社に発注することを野村は決めていた。残る一社にはセントラルシステムズが選ばれた。同社は東海銀行（現・三菱ＵＦＪ銀行）のシステム部が独立した会社で、野村はデンソーの電算部に所属していたので、付き合いがあった。

野村がバーコードの印刷先を探しているとき、セントラルシステムズが、トナー方式の漢字プリンターを導入したという情報が入ってきた。漢字プリンターがあれば、かんばんが作成できると野村は思い、バーコードの印刷の開発を依頼してみた。その開発の様子について、野村は次のように語る。

「セントラルシステムズにとって、バーコードの印刷は初めてで、勝手がわからず、とても苦労されたようです。トナー方式なので、油には弱く、最初は油に浸けると内容がすべて消えて真っ白になってしまうところからのスタートでした。

そこで、保護フィルムを被せる方式を開発し、実用化を達成できました。最初は、フィルムが油で剥がれてしまったり、皺になってしまったりで、フィルムとそれを貼り付ける糊の開発にも苦労されました。

また、バーコードも紙送りで読むので寸法が決まっていて、ちょっとした紙送りの不具合による不良品の発生もあり、先方もこちらも苦労しました。しかし、最終的には課題を克服し、同社にも神崎製紙と同様、二社発注先の一社として活躍をしていただきました」

バーコードリーダー開発の立役者

バーコードの開発が進むなか、バーコードの読取装置と情報処理装置の開発では、岡本の部下だった野尻忠雄が実務を担当した（写真1-4）。

野尻は一九四九年福井県生まれで、金沢大学電子工学科で学び、一九七一年にデンソーに入社した。電子工学科というと、卒業後は東京の大手半導体メーカーに就職する者が多い。しかし野尻は、在学中に参加したインターンシップで東京の企業の職場を経験したことで、東京の

写真1-4●岡本敦稔と野尻忠雄

出所：原昌宏

空気になじめないと感じていた。そこで、金沢大学の電子工学科の先生に、同級生が勤めていた中京圏の企業を紹介してもらうことにする。それがデンソーだった。

入社後、野尻は車の電子製品を取り扱う部署に配属され、最初は車の排気ガス対策用の電子製品（コントローラ）の開発を担当した。排気ガス対策が厳しくなる直前の頃だった。その仕事を一年半ほどした後に、アンチスキッドブレーキを開発している隣の課の部署に希望して異動する。

当時、通産省が主導した安全実験車を作って、実証実験しようという計画だった。マイコンを使って非常に先端的なことをするという触れ込みで、すぐ隣の課がやっていたので、どんな仕事か、よく様子がわかった。プロジェクトのために導入されたマイクロプロセッサは、ナショナルセミコンダクターのＩＭＰ16という一六ビットプロセッサだった。

野尻は、かかわっていたプロジェクトのコントローラの開発に興味を持てずにいたこともあり、隣の部署の仕事が非常に魅力的に見えた。そこで居ても立ってもいられず、志願して異動し、アンチスキッドブレーキに使うマイコンを使って開発業務を行うことになる。

野尻はＩＭＰ16に外付けでＲＯＭ（Read Only Memory）やＲＡＭ（Random Access Memory）といった半導体の記憶装置をつなぎ、大型ボード一枚の一六ビットマイコンを製作し、ブレーキを制御することを考えた。この通産省のプロジェクトがデンソーに残したハードウェアとソフトウェア、そして開発メンバーに蓄積されたスキルがバーコードリーダーの開発につながることになる。野尻は語る。

「装置そのものというより、自分たちの中にプログラム能力やデジタル回路を設計したりマイコンを使ったりするノウハウだとかを含めて、それらが非常に最先端なもので、なかなか他の部署に異動しても同じような仕事に携われる場所がないことがわかっていました。非常に面白い。ぜひともこれを仕事にしたいと思いました。

しかし、アプリケーションというか、応用性がなかったのです。自動車にはまだ当分、使ってもらえる可能性がなかったですから。デンソーでも一九七〇年代の半ば頃からわれわれがさまざまな開発環境を作って車の制御をやっている事業部の他の人たちに提供していきました。

しかし、自動車のほうでそうした動きが出るまでには、数年のブランクがあったのです。われわれは事業部の設計でしたから、本来は車の設計をやらないといけないのに、車の仕事がないものだから、車以外の仕事をいろいろ探してきて、とりあえず開発品になるような仕事を持ってきていました。

一つの設計課の中で半分ぐらいは車の仕事をやっているのですけれど、われわれの残りの部隊は全く別の仕事を探してきて、面白いことをやろうということで取り組んでいました。その中に生産管理や生産技術のお手伝いをする仕事がありました。かんばんに付けたバーコードを読み取る機械を開発するというのは、その一つだったのです」

野尻は野村のところに通い、野村のバーコード読み取りの課題について熱心に耳を傾けた。野村は、当時の様子を次のように語る。

「野尻のバーコードを読む技術は抜群でしたね。最初は『何だかわからへん』と言っていたのが、『そういうことか、そういうことか』と言い出して、トヨタのかんばんを見て、『こんな汚いもの、読まないかんのか』と。どんどんテーマを与えると、どんどん開発してくれましたね。だから、後になって、トヨタの工場にバーコードリーダーを導入するテストをしようというときに、どんなバーコードでも読める場面に出くわして、トヨタさんもびっくりされることになるのです」

バーコードリーダーの完成

野尻はバーコードの読取機の開発にあたって、かんばんの読み取りを依頼された時点で利用できたモナークマーキング社（Monarch Marking）が一九七二年に開発したバーコードシンボルのコーダバー（Codabar）をベースに検討を始めた。

バーコードリーダーのイメージセンサーが五一二ビットと、解像度に制約があったため、少数桁で多段に重ねることにした。読み取りで二度読みを防止するため、各バーコードにインデックスを付ける工夫を施した。それがＮＤコードの原型だ。

テストでは、バーコードはバーコード専用プリンターで印刷したラベルを、何段にも貼り付けたものを使った。

開発を進めていくうちに、イメージセンサーのアナログ出力を二値化して白黒バー信号にしていたのだが、バーコードの一本目のバー幅が広く二値化されると不具合が出ることがあったため、バーコードの両側に一本ずつ捨てバー（Ｓバー）を追加した。それがＮＤコードの完成形になった。

完成形のＮＤコードのテストでは、専用プリンターで印刷したものに手書きで捨てバー部分を付け加えて使った。

まず、読取機開発の鍵はバーコードリーダーとして何を採用するかということだった。野尻は当時、普及し始めたばかりのイメージセンサーのn型MOSを採用した。レーザーは高価で、ペンリーダーは読み取り精度に問題があった。

n型MOS採用の決め手は、半導体の価格が毎年下がっていっていたので、調達コストの問題をクリアすることができそうだったことと、ペンリーダーより読み取り精度を高くできることだった。

写真1-5●据置型かんばんリーダー

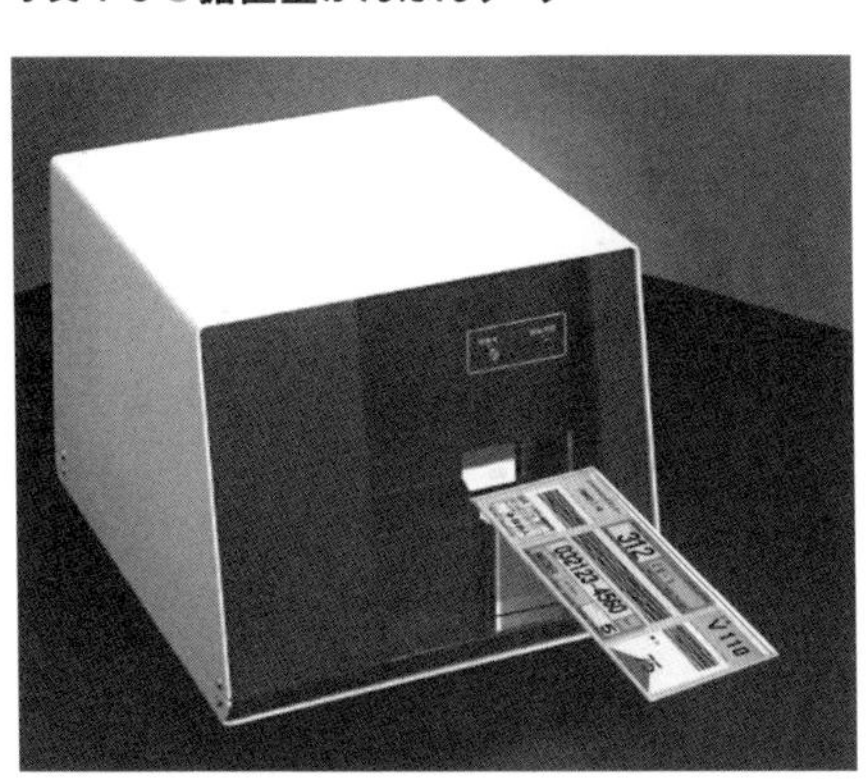

出所：野村政弘

バーコードの読み取りは、横に並べたバーコードをモーターで紙送りしながら、一つの固まりずつをセンサーで読み取る完全自動読取機を開発した（写真1-5）。ワンタッチで読み取るのは現実的でなかったため、据置型にした。電子式の読み取りで、モーターでイメージセンサー（n型MOS）のところまで自動で送って読むものを開発した。

読取機は、かんばんの内容を格納するには、最低でも六〇桁は必要だと野村が主張していたこともあり、三桁のバーコードを二一個並べたかんばんを読めるように設計した。バーコードを三桁と一つの桁数を少なくすることが長所になった。

そうすることでバーコードの一つ一つを短くし、読み取り用のイメージセンサーを並べる個数を少なくすることができ、コストを非常に低く抑えることができたのだ。無駄な機能を限りなくそぎ落とした据置型「バーコード付きかんばん」読取機が完成したのだった。

「バーコード付きかんばん」のトヨタへの導入

バーコードと読取機を完成させた野村は、いよいよ「バーコード付きかんばん」の導入を自社とトヨタ自動車に働きかけることになるのだが、その作業も簡単ではなかった。特にトヨタの説得は非常に困難を極めた。その事情を野村は次のように説明する。

「トヨタ生産方式を推進するグループは一番、コンピュータを嫌うグループなのです。かんばん方式は生産計画が一切、不要であるという思想を持ちます。かんばんがあれば、それを前工程に送ることで生産指示をすることができ、このかんばんが生産指示書の役割を担うのです。したがって年間の生産量を決め、そこから月次、週次の生産計画を作成するといったことは必要ありません。そのための計算をするコンピュータも要りません。

要するに、生産量を変えるだとか、生産量を増やすなら、かんばんの枚数を増やせば数量が増えるではないか、減らせば数量が減るではないか、すべてのコントロールはかんばんだけでやれ。世の中に存在するのはこれしかないのだと、そういう世界なのです。

それほどなのに、なんでコンピュータのためにかんばんをいじるのだと。これはありえないことだったのです」

かんばんの内容をバーコードにすることをトヨタにお願いしても、簡単には聞いてもらえないだろう。しかし、どうしてもかんばんをバーコードで管理することをトヨタに認めてもらいたい。

野村はある日、デンソーへのトヨタ生産方式の導入を指導してもらった張富士夫と面会し、「どうしてもバーコード入りのかんばんを導入したい」と話し始めた。

張の反応は予想どおり「なんだそりゃ？　おまえは何を言っているんだ」というものだった。それでも、野村はあきらめなかった。

「このかんばんの発想から、とにかく張さんにずっと話をしていたわけですね。『なんだそりゃ。何考えとる』という話からずっとです。それで、張さんに頼んで大野（耐一）さんに言ってもらったら、大野さんが、『何を言っとる』と即決でダメでした。それでもあきらめられなかった。

そうこうするうちに、張さんが私の考えを理解して、トヨタ側にもメリットがあると感じるようになってくれました。それで、『一年待とうよ。そのうちなんとかするから』と言ってくれたのです。

それで一年待っていたら、そのタイミングで張さんが言われましてね。『野村君、やっとなんとか兆しが出てきたよ。大野さんのところに（バーコードの入ったかんばんの）サンプルを持っていったら、「このエリアに背番号が入っているが、数字は要るが背番号という表示は要らんぞ」となんと一言、言われたんだよ。ということはな、ＯＫになったと同じことだぞ』と張さんから連絡があったのです」

それは、かんばんのバーコード化が前進した瞬間であった。

張からの連絡を受けた野村は準備を整え、オールトヨタ生産管理連絡会で「バーコード付きかんばん」の導入について発表し、トヨタグループ上層部の理解を得たうえで、トヨタへの「バーコード付きかんばん」の導入が、本格的に始まることになった。

油まみれでも読む

「バーコード付きかんばん」の導入は、次のように進んだ。

一九七五年一二月に、デンソー高棚工場のメーター製造部で出荷管理システムの試行を開始する。次に、一九七六年一〇月に同じく高棚工場のフィルター製造部にて出荷管理システムの試行を開始する。

その後、一九七七年二月にトヨタ向け調達システムの開発を開始し、同年五月に「クラウン」の組み立てを行っていたトヨタの元町工場に仮設置した後、同年一〇月に、調達システムの試行が開始された。

野村は、トヨタの元町工場を手始めに、トヨタの他の工場への「バーコード付きかんばん」の導入を行っていくのだが、全工場への導入を実現するにはどうしても克服しなければならない課題があった。トヨタでは油を使っている現場が多いため、油汚れがひどい現場でも使える、つまりバーコードが読み取れることが、新しいかんばんを導入するための必須条件だったのだ。

当時、油汚れが最もひどいといわれていたのが上郷工場で、同工場が新かんばん導入の関所になると考えられた。上郷工場はエンジンを造っている工場で、かんばんの油汚れがひどかった。生産工程を流れている部品は、ほとんどが油にまみれており、部品を入れる箱には油が溜まっている。

「かんばん」を取り付ける場合、よく使用されていた「C箱」と呼ばれる収納箱には取り付ける幅がなく、箱の中に「かんばん」が入れられる。箱の中の「かんばん」は、溜まった油に浸かる状態になり、当然「かんばん」の中にも油は入ってくる。もちろん、できるだけ油が入らないように、ビニールケースにチャックは付いているが、油がいったん入ってしまうと、油は外に出ずにビニールケースの中に溜まった状態になってしまう。

そんな状態の「かんばん」でも読めないと、トヨタの工場では使えない。したがって、トヨタが採用するためには、この条件を克服する必要があったのだ。

野村たちは、「エンジン工場で使えなかったら、どこも使えないよ」とトヨタ側から言われていた。油で汚れていても、バーコードを正確に読み取り、かんばん方式が支障なく稼働すれば、トヨタの他のどの工場でもうまくいくはずだ。しかし、うまくいかなければ、かんばんの電子化は円滑な業務を妨げるということになり、そこで終わってしまう。

「上郷で使ってくれなかったら、このプロジェクトは終わりだ」と野村がある日、岡本に話した。「そういうことなら、上郷から全部の油をもらってきてくれ！」と岡本は叫んだ。

「よし、わかった」と二つ返事で答えた野村が、「おたくで使っている油を全部ください」と言って集めた油は八種類。岡本と野村がすべての種類の油にかんばんを浸けてみて、どのようにかんばんが変化するかを観察した。

油から取り出したバーコードを見て、岡本と野村は一瞬、顔を見合わせた。黒いはずのバーコードが見事に白くなってしまっていたのだ。中には、さらに色が消えて、バーコードが透き通ってしまっているものもあるし、油のカスが入り込んで黒く汚れたものもあった。

油に浸かって出てきたものをすべて調べて、どんな状態のバーコードでも読めるようにする。その対応をしたのが野尻だった。

「あれはもう野尻の知恵というか、技術ですね。野尻がいなかったら、あれはできなかったですね」と野村は感心した口ぶりで当時を振り返る。

しかも、野村は幸運だった。上郷工場の工場長が旧知の金谷健次だったのだ。金谷は、トヨタ生産方式をデンソーに導入する際に、トヨタ側から送り込まれた八人のうちの一人だった。団長の鈴村（喜久男）と張の指示をデンソー側に伝える役を期待された若手で、野村とペアを組んで仕事をした間柄だった。

金谷は、現場の人たちに「野村さんがやることなら間違いない。野村さんの言うことなら聞いてやってくれ」と、野村を全面的にサポートしてくれた。

こうした野尻の頑張りと金谷の現場でのサポートもあり、上郷工場のような環境でも、「バーコード付きかんばん」が使用に堪えることを証明する試験データを野村たちは蓄積し、トヨタに提出することができた。

その結果を見て、トヨタは同かんばんの同社への導入を計画どおり進めることを決定し、一九七八年九月にトヨタ自動車調達システムが本格稼働することになる。バーコード型かんばんを導入した時期と工場は、次のとおりだ。

一九七七年　元町工場
一九七八年　堤工場、本社工場

一九七九年　高岡工場、上郷工場、三好工場、田原工場
一九八〇年　日野工場、トヨタ車体、衣浦工場、ダイハツ
一九八一年　関東自動車、下山工場、セントラル自動車、トヨタ自動織機、岐阜車体工業
一九八三年　荒川車体工業

以上で、トヨタのほぼすべての工場への拡大が完了することになった。

参考までに、トヨタグループの納入側、部品メーカーへのバーコード型かんばんの導入は、次のように展開された。

一九七六年　デンソー
一九七八年　豊田合成、アイシン精機
一九七九年　アスモ
一九八〇年　青山製作所
一九八一年　愛三工業、三栄工業、アイシン・ワーナー
一九八二年　豊田化工、東海理化
以降、順次拡大

外販市場を開拓する

ＮＤコードが入ったかんばんをデンソーとトヨタ自動車に導入した野村と岡本、野尻の三人だったが、実はそこからも平坦な道が用意されていたわけではなかった。バーコードや読取機の不具合が発生した際には時と場合を選ばず、直接、クレームの電話がかかってきて、呼び出されるようになったのだ。

これではたまらない、ということで電子式の「かんばん方式」の保守・修理・管理を担当する会社ＳＫＫを設立することになる。一九七六年六月のことだ。

その事情を野村は、次のように説明する。

「一九七六年にシステム機器、ＳＫＫという会社をつくったのです。バーコードリーダーを売りたいからです。トヨタさんのところにＮＤコードとバーコードリーダーの導入をいよいよやるぞということになりました。それは別の言い方をすれば、トヨタさんに販売するということなのです。

そこで営業部を独立させるような格好で販売会社をつくりました。ただし、この会社はまず販売というよりも、修理屋さんだったのです。

僕は電算部にいてわかっていましたが、コンピュータを入れたら、夜中でも電話がかかってくるので大変になるのです。メンテナンスや修理対応が必要だということで、システム会社をつくろうとＳＫＫを設立したのです」

実は、このＳＫＫ設立が、デンソーが自社向けに開発した製品をトヨタグループ以外に販売するきっかけを作ることになる。野村は続ける。

「そのうちＳＫＫという会社が『修理ばかりでは嫌だよ、バーコードリーダーができたのなら売らせてよ』という話になって、販売を開始したのです。営業担当になったら、今度は売りに行かなければいけない。

ところが、ＳＫＫにいるのは何をどうやって売ったらいいかがわからない連中ばかりだから、岡本さんがバーコードリーダーのサンプルをバッグに入れて、使ってくれそうなところに飛び込み営業していったのです。相当歩かれましたね。岡本さんの努力は、本当にすごかったです」

一九八〇年、岡本は出張先でバーコードリーダー事業の将来を左右する現場に遭遇する。車の電子制御を担当している岡本は、車の展示会を見るためにアメリカに出張したとき、立ち寄ったスーパーで、チューインガムのパッケージにバーコードが印字されているのを見つけた。

バーコードは、レジでスキャンされて精算に使われていたのだ。「おっ、これだ」。岡本は心の中で叫んだ。

バーコードリーダーの新しい市場があることを発見した岡本は、居ても立ってもいられなかった。帰国した岡本は出社するなり、入社したての原昌宏のところに歩み寄った。ちなみに原は、後にQRコードを開発する人物だ。

「おい、おみやげだ」と、六個入りのチューインガムを渡すなりこう言った。「原、よーく見ろ。ここにバーコードが入っているだろう。このバーコード、何に使うか知っているか」と話しかけた。そのとき、岡本が非常に興奮していたことを原は鮮明に覚えている。

「岡本さんからはそれまで、かんばんがどうだこうだという話を聞いていたので、生産管理か何かですかと答えました。しかし、岡本さんは私の答えに首を振り『スーパーのレジで精算に使われていたんだ』と声高に話されたのです。ふだん、あまり口数が多いほうではない岡本さんが饒舌だったのでびっくりしました」

原は正直なところ、最初はなんのことだかわからなかったという。「なんだ、おっさん、何を言ってるんだと、上司ですけれど、さすがにそう思いました」と原は笑いながら話した。

しかし、岡本は真顔だった。「アメリカではこんなものにまでバーコードを入れて精算で使うようになっていることは、いずれ日本でも起こる。バーコードリーダーを小売企業が買ってくれるようにきっとなる。新しい市場がそこにあるんだ」

岡本は自分たちが開発したバーコードリーダーには、自動車業界を超えた大きな市場があり、しかも小売企業という具体的な顧客が、アメリカで存在していることに興奮していたのだ。

確かに、岡本の読みは当たっていた。ただし、バーコードリーダーを日本で最も欲していたのは、アメリカで見たスーパーではなく、当時、急成長を見せていたコンビニエンスストアだった。

セブン - イレブン・ジャパンのPOSレジ

当時、コンビニエンスストア最大手だったセブン - イレブン・ジャパン（以下、セブン - イレブン）は、最先端のPOSレジを導入していたが、発注台帳や商品に付いているバーコードの読み取りに苦労していた。

同社で商品情報をコンピュータに入力する最初の手段を検討したのは、発注端末を導入するときだった。「ターミナル・セブン」という名称で呼ばれた据置型の端末で、最も苦労したのは、発注データをどうやって入力するかだった。一九七八年頃の話だ。

タッチ式やインテリジェントキーなど、出回りかけた入力装置をあらゆるメーカーに見せてもらって検討した結果、ペンリーダーとバーコードを組み合わせた入力方法を採用することになる。ペンリーダーの生産はオカベマーキングシステムという会社に依頼した。同社は、ＭＳＩ（モナーク・システム・インストゥルメント）というアメリカの会社のペンリーダーを日本用に調整して輸入販売しており、そのペンリーダーがＰＯＳレジにつながれて販売されていた。

ただし生産は、家内工業的、つまり手作りのため一日に一～五本しか作れないという状況だった。そこをなんとか量産まで持っていってもらった。装置全体の製造は、田村電機製作所（現・サクサホールディングス）に頼んだ。ＯＥＭだ。

時を同じくして、かんばんのバーコードリーダーを開発していたデンソーは、ＳＫＫを通じてどこかに応用できないかとさまざまな用途を探し始めていた。そこで見つけたのが、ＰＯＳレジ用のスキャナーで、セブン‐イレブンがＰＯＳレジ用のリーダーで問題を抱えていることをレジメーカーのＴＥＣ（現・東芝ＴＥＣ）経由で知ることになる。

セブン‐イレブンは初代ＰＯＳレジを入れたとき、商品コードを読み取るためにペンリーダー型のスキャナーを採用した。前述のオカベマーキングシステムの製品で、ターミナル・セブンで使われたのと同じタイプのものだ。

このスキャナーだと、たとえば、おむすびのフィルムに付いているバーコードが縮んでしまっている場合や、飴玉のように小さな商品に印字されている場合など、バーコードを読み取れないことがあった。

実は、それまでのPOSレジ用のリーダーは、レーザー入力のものとペン入力のものしかなかった。その二種類のうち、レーザー入力のものは高速で正確にバーコードを読み取れるが価格が高く、他方、ペン入力のほうは低価格であったが、読み取り精度に問題があった。

その点でデンソーのバーコードリーダーは、読み取り精度がペン入力より高く、値段もレーザー入力ほど高くない商品として、二つの入力方式のすき間を埋めるものだった。

「デンソーのリーダーは何でも読み取る」

当時のデンソーは、トヨタへのバーコードリーダーの販売の他に、トヨタグループ以外への販売を視野に入れたイメージセンサーの開発を行っていた。CCD（Charge Coupled Device：電荷結合素子）方式による読み取りだ。CCDは松下電子工業から調達していた（CCDは後に、日立製作所と共同開発することになり、日立製を使用することになる）。CCDによる読み取りは、バーコードの白黒の幅の信号を一度に取り込むことができ、全体の濃淡の程度と信号レベルの評価を論理的にプログラム化できるという利点があった。

その結果、全くきれいな状態から、汚れて白黒の差がわかりにくくなっているものや、台紙が油で透き通った状態になっているものまで、読み取ることができるようになっていた。またCCDを使えば、バーコードに触れなくても読み取れるので、バーコードを傷つけたり汚すことなく読み取れ、耐久性の点でも優れていた。さらに、ビニールケースが透明であれば、多少厚みがあるものでも読み取れた。

デンソーは、セブン‐イレブンがPOSレジ用のリーダーで困っていることを知り、TECと共同でセブン‐イレブンにCCD型タッチリーダーをPOSレジ用に採用することを提案した。そして、見事にデンソーのリーダーが採用されることになる（写真1‐6）。

当時のことを、野村は次のように語る。

「セブン‐イレブンはバーコードで『どこの読取機でも読めん』と降参しかかっていたのです。そこに、デンソーのものを持っていったら、それが読めたわけです。ビニール袋に印字されているものを読み取るのですよ。お米だとか、ストローとかあるわけです。透明なのですね。どこのメーカーのリーダーも読めなかったのに、デンソーのリーダーは読めちゃったのですね。これは読めるのか。そうか、ではあれはどうだ、と次々と宿題をもらうのですが、どれも読んでみせた。

このリーダーの開発を実際に担当してくれていたのは、野尻の部下で、後にQRコードを開発する原君でした。どんなバーコードでもデンソーの読取機が読むので、『これはなんだ』とセブン‐イレブンは驚き、喜んでくれました。そして、これならやれるぞということで、採用していただくことになったのです。

写真 1-6 ●セブン - イレブンの POS レジとバーコードリーダー

出所：写真上／原昌宏、写真下／セブン&アイ・ホールディングス

しかも、小売市場で急成長しているセブン - イレブンさんが『うちに納入するのは、バーコードが印刷されたものでないとダメ。デンソーのリーダーで読めないとダメ』と言ってくれたので、バーコードリーダーの注文がどっと来ました。コンビニではデンソーのバーコードリー

ダーの市場シェアが一〇〇％になりました」

セブン‐イレブンが創造した新市場

セブン‐イレブンでの採用をきっかけに、ＰＯＳレジ用としてバーコードリーダーの市場が拡大することになる。[7]同時に、これを機にセブン‐イレブンはデンソーの存在を知ることになり、セブン‐イレブンが一九九〇年に店舗に導入する検品スキャナーの開発に声をかけることになる。

セブン‐イレブンでは、発注した商品が店舗に納品される際、発注どおりであるかを店員が確かめる（検品する）作業を行っていたが、一九八〇年代後半に、同社は検品作業をミスなく短時間で行えるように改善できると考えた。

当時、セブン‐イレブンでは、一年で店頭の商品の七割が入れ替わってしまうほど、新商品がどんどん店頭に並んでいた。そうした状況で、発注した商品が店舗に届くと納品リストにある商品を店員が大量の商品の中から見つけ出すのが一苦労だった。

たとえば、「ブルボン　キナチョコ（きなこちょこの略）」と伝票に書いてあっても、いったいどれが「ブルボン」の「きなこちょこ」という商品なのかを一目で見つけることがなかなかできなかったのだ。

そこでセブン‐イレブンは、商品に付いているバーコードを検品に使うことを思いついた。検品用のスキャナーを開発し、商品に付いているバーコードをスキャンすれば、商品名と発注数量がスキャナーの画面に出るようにしたのだ。これで商品のパッケージと商品名を覚えなくても目の前にある商品を取り出し、バーコードをスキャナーで読み取るだけで商品名も発注数量も簡単にわかるようになる。

セブン‐イレブンは、検品スキャナーで納品時の情報を記録して利用することで生まれる副次効果にも着目していた。一九八〇年代を通じてセブン‐イレブンは、ＰＯＳレジの導入で何がいつ、何個売れたかについての情報をデジタル形式で入手し、分析できるようになっていた。しかし同社は、それでは不十分だと考えた。店舗に納品され、発注どおりに商品が揃っているかを確認する検品のときにバーコードリーダーで商品のバーコードを読み取れば、検品と納品情報の入力の両方を同時に行うことができると同社は考えたのだ。

どの商品がいつ、何個、納品されたかという検品情報をデジタル情報として記録し、ＰＯＳレジを通じた販売情報と組み合わせれば、いつ仕入れた商品がどの時点で売り切れ、欠品になったか、どれぐらい売り逃しのロスが発生しているかを把握できる。

売り逃しのロスを把握できれば、それを極小化するよう仮説をもって発注すれば、店舗の売上はさらに上がるはずだとセブン‐イレブンは考えた。そこで、バーコード読み取りを行う検品スキャナーの開発を行うため、バーコードリーダーで実績があったデンソーに声をかけることになる。

検品用スキャナーの普及

実はデンソーは、セブン‐イレブンの動きとは別に、その一年前にPOSレジ用に使っていたスキャナーにメモリーと電池を付けようという発想で開発を行っていた。デンソーはスキャナーとバッテリー、そしてメモリーの三つを一つのハードに一体化させたBHT‐1という機種を開発していた（写真1‐7）。

しかし、この時点ではBHT‐1をどのようなデザインで、どのような用途で市場化するかについて、確たるアイディアがあったわけではなかった。その後BHT‐1は、たとえば、弁当など、新幹線の車内販売として使われるようになる。

しかし、このBHT‐1は、検品用に使うには十分ではなかった。①画面が小さい、②メモリーが小さい、③スキャナーがまっすぐ付いているため、検品中に画面が見えない、といった不都合があったのだ。

そこでセブン‐イレブンは、BHT‐1を要求仕様の叩き台として、次のような提案をデンソーに行う。それは、①スキャナー部分の先を曲げて、スキャナーでスキャンしながらディスプレイの表示を見られるようにすること、②後ろに滑り止めのゴムを入れること、③キーボー

写真 1-7 ● BHT-1 とセブン - イレブンの検品用スキャナー

検品用スキャナー

BHT-1

出所：写真上／セブン&アイ・ホールディングス、写真下／原昌宏

ドの配列をセブン - イレブンの要望どおりに変えること、④現状では大きくて重いので、小さく軽くすること、であった。

以上のような要求を、デンソーは日本電気との共同作業で実現させていく。

まず、スキャナーと画面が一体化していることが必要だった。また、大画面であることも必要だった。それまで画面は一行程度しか表示できるものがなかった。それを漢字四行、数字八行のものにした。

そして、商品をチェックするための大容量メモリー七六八キロバイトを搭載した。従来は六四キロバイトあるいは一二八キロバイトが常識だった。これを可能にするために、メモリー用のプリント基板を一枚だけでなく、二枚三枚と重ねるように工夫した。

開発の過程では、試作品がセブン‐イレブンの要求と合わないために、何回も作り替えを要求された。当時のことを、デンソーの電子応用営業部で営業を担当していた神谷芳治は、次のように語っている(8)。

「モックアップの段階で（当時、セブン‐イレブン側の情報システム担当のトップだった）碓井誠さんから『これはなんだ。こんなのではダメだ』と言われて何度も作り直しました。また、エンジニアリング用の試作品の段階でも、作り直しをさせられることがありました」

開発した検品スキャナーのおかげで、セブン‐イレブンの店舗で検品にかかる時間は飛躍的に短縮された。また、売り逃しのロスも大きく減少し、店舗当たり一日の売上高が飛躍的に増加した。

検品スキャナーの開発でデンソーは、セブン‐イレブンからの要求を日本電気とともに実現したのだが、開発の過程で自社のハードウェアがどんな用途に使われるものなのか、どのような効果をねらったものなのかを全く知ることができなかった。店舗に導入されて初めてハードウェアが検品用に使われること、それが店舗運営の改善に対していくつかの効果を持つことを知るようになった。

ＣＣＤタッチスキャナーという技術の新用途は、セブン‐イレブンが引き出したのだ。セブン‐イレブンの店舗売上の増加を見た他の大手コンビニエンスストアは、軒並みデンソー製の検品用スキャナーを採用した。その結果、検品用読取機の市場は成長し、拡大していくことになる。

デンソーがコンビニエンスストア向けに検品用スキャナーを含むバーコードリーダーの市場を開拓できたことは、同社のＱＲコード開発に二つの点で大きく貢献することになる。

一つは、自動車業界だけでは遭遇しない多様なバーコード読み取り場面を経験し、読み取り技術の幅を広げ、技術蓄積を促進したことだ。もう一つは、バーコードリーダー事業が生み出すキャッシュがＱＲコード開発に取り組む原資となった点だ。

「野尻さんたちがＱＲコード開発を自由にできたのは、バーコードの外販事業が成功していたおかげだ」と語るデンソー関係者がいるほどだ。

ここまで見てきたように、トヨタの生産システムの中心要素であるかんばんは、デンソーによって電子化され、さらなる効率化に成功した。そこで鍵技術となったＮＤコードとバーコードリーダーだが、一九九〇年代に入ってさらに姿を変えていく。それがＱＲコードを中心とする仕組みであり、その仕組みを外販する事業はデンソーから独立し、デンソーウェーブへと形を変えていく。

では、どのようにしてバーコードを中心とする仕組みからＱＲコードが生まれたのか、なぜＱＲコードが必要とされたのか。第２章で見ていくことにしよう。

第2章

開発——思索から実践へ

QRコードの父

一九九二年のことだった。[1]「バーコードの読取機を改善してほしい。バーコードの読み取りがとにかく大変なので、なんとかしてくれないか」。QRコード開発のきっかけは、デンソー西尾工場の作業員からの一本の電話だった。

バーコードの読取機開発を担当していたのは、デンソー電子応用機器事業部の応用機器技術部だ。電子応用機器事業部は、デンソーで自動車分野以外の事業化を行っていた、ただ一つの事業部だった（一九九五年に、産業機器事業部に名称変更）。電話を受けたのは、第1章で紹介した、後にQRコードを開発することになる原昌宏だった（写真2−1）。

写真 2-1 ● QR コードの開発者・原昌宏
出所：原昌宏

原は、法政大学工学部電気工学科を一九八〇年に卒業し、同年デンソーに入社した。大学時代、オーディオ、無線といった電子工学を専攻していたのだが、音声認識の技術開発に携わりたいと思い、認識技術の開発を行っていたデンソーを就職先として選んだのだ。「自動車事業に携わりたいとは全く思わず、非自動車事業で働きたいと最初から思っていた」という。

後に世界的に普及するQRコードを開発する原だったが、

ピカピカの学歴を持った人材というわけではなかった。ただし、「世の中にないものを生み出す仕事をしたい」という気持ちを人一倍、強く持っていた。

彼の父親はカーボン抵抗の製造方法で特許を持つほどのエンジニアで、現在の総務省である逓信省に入省した後、帝国通信工業に転職した。その後、脱サラして友人と起業、工場経営者として一家を支えていた。原はエンジニアとして、「いつか親父を超えたい」という思いをいつの頃からかずっと持ち続けていた。

原は大学で学んでいた電子回路を、さらに勉強していかなければいけないと思っていた。しかし入社早々、上司から意外なことを言われてしまう。その上司とは、第1章で登場した岡本敦稔だ。社内よりも社外に興味があり、外部に広くネットワークを持ち、事業や技術の将来性についての洞察は他を寄せつけないすごさがあった。

ただし、考え方や行動が社内の人間の理解を超えるところが多々あって、トヨタグループの三大変人の一人と呼ばれていた。原は当時を思い起こす。

「自分の興味があることは熱心に話を聞いたり、自分から積極的に話をしたりしましたが、興味がないことになると、取引先との打合せであっても、足を組んで横を向いてしまって、ほとんど相手の話を聞かず、時には自分のメガネのフレームに当たるところを片手でつまんで、あるいは時には靴を脱いで指を突っ込んでクルクル回し始めることがありました。

さらに、今でも語り草になっているのですが、相手の話に興味を失ってしまって腕時計を外したと思ったら足にはめてしまい、それが外れなくなって大騒ぎになってしまったということもありました。お客様は呆れるばかりでした。そんな状況に直面するたびに、周りはハラハラして肝を冷やす思いをしました」

その岡本が、社内で新入社員の原を見つけるなり近づいてきて、「これからの世の中は至る所でコンピュータが使われるようになる。コンピュータで大切なのはソフトウェアだ。これからはソフトの時代なんだ。だから、おまえはソフトも勉強しろ」と発破をかけたという。

裏話をすれば、岡本がそうした発言をするのは、当時の電子応用機器事業部では当たり前のことだった。

原が入社する五年ほど前、第1章でも述べたが、デンソーは通産省が主導する安全実験車計画に参加し、緊急ブレーキ時、車を安全に走行、停車させるシステム、今でいうＡＢＳ（Anti-lock Braking System）を開発するプロジェクトに参加していた。それは、車にマイコンを搭載する実験だった。

その経験から得たコンピュータに関連する知識や技能を同事業は活用して、社内設備、かんばん情報処理装置などから、家庭用エアコンコントローラ、ガス給湯器コントローラなど、マイコンを使用した機器のハードとソフトの開発を行い、外販していた。予算的にいえば当時、課長だった岡本の部隊の半分くらいを占めるほどになっていた。

だから、電子機器の設計だけでなくソフトも必要という話は、岡本が担当する部署の当時の活動からすれば、当然のことだったのだ。そんな事情は知らない原だったが、上司の言うことだから命令も同じだと感じ、参考書を買って自分一人でプログラムの組み方を勉強し、ハードだけでなくソフトの知識も身につけていった。

ＯＣＲの仕事とＮＤコードの限界

話を元に戻そう。原が西尾工場の作業員からの電話を受けた、ちょうどその頃、彼はアメリカ向け輸出商品に添付する伝票をＯＣＲで読み取る仕事に取り組んでいた。ＯＣＲは光学的に文字を認識することを意味し、原はバーコードが九個印刷されている出荷ラベルを読み取る（機械で紙送りする）定置式ＯＣＲリーダーを開発していた。

彼は、製品からラベルを外して後でまとめて読むこと（バッチ式）を想定していたが、ハンディタイプの読取機で読んでいた西尾工場の現場から、ときどき間違って読み取ってしまうことがあるのでどうにかしてほしい、という要望を伝える電話がかかってきた。現場ではハンディタイプの読取機のコストが安く、今後リアルタイムでの処理が必要になると考えていたので、そうした要望になったのだと思う、と原は言う。

図2-1 ●コード39

出所：デンソーウェーブ

要望に応えるため、原は機械送りの定置式のOCRリーダーを開発した。ちなみに、そこで読み取っていた海外向けのバーコードは、第3章でも登場する日本とアメリカで広く普及していたコード39というバーコードだった（図2-1）。

原はOCRリーダーの開発を進める一方で、西尾工場からの問題提起をより広い観点から把握しようと、西尾工場だけでなくデンソーの他の工場に現地調査や聞き取りを行ってみた。すると、アメリカ向けの製品管理用のバーコードだけでなく、社内用のバーコードであるNDコードでも、かんばん情報を管理することに限界が見え始めていることがわかってきた。

バーコードの読み間違いは、OCRでもバーコードでも生じる。大容量のデータを高速かつ正確に読める二次元コードが必要になる。原は多くのバーコードを読み取る現場を見ることで問題の深刻さを実感し、二次元コードの開発の必要性を強く感じるようになった。

前述したデンソーの社内用バーコード、NDコードはデンソーがトヨタ自動車との共同プロジェクトで開発したもので、必要なものを必要なときに必要な量だけ生産するジャストインタイム、別名

「かんばん方式」と呼ばれる生産システムの一つの重要な要素だった。

かんばん方式では、「かんばん」と呼ばれる情報伝達道具を使って、後工程が前工程から部品の引き取りを行う。かんばんは、生産工程の各工程間でやり取りされる伝票のことで、後工程から前工程に対して引き取りや運搬の時期、量、方法、順序などを指示したり、前工程に生産の着手を指示したりするものだ。

トヨタグループは、一九七七年頃から「かんばん」を通じた情報伝達の道具としてデンソーが開発した一次元シンボルのＮＤコードを採用していた。ＮＤコードは、三桁のバーコードを五段、一一段、五段に重ねたもので、一九八〇年からはビニールケースに入った数字六三桁の「かんばん」を本格的に採用していた。

日本は高度経済成長期以降、一九八〇年代に入って、モノ不足の時代からモノ余りの時代に突入していた。乗用車でも消費者の多様化する欲望を取り込むため、自動車メーカーは製品を多様化したり標準装備に加えてオプション選択できるようにしたりしていた。その結果、工場ではこれまでよりはるかに多様な車種、部品を管理するようになっていた。

バーコードの容量は、バーコードの水平方向への長さで決まり、無制限に長くできるわけではない。バーコードの長さが水平方向に延びれば、それに対応して読取機は水平方向に長くならなくてはいけない。しかし、使い勝手を含めて、読取機の物理的限界があるため、バーコードが格納できる容量は、英数字で最大二〇文字程度しかなかった。

デンソーの工場では、多様化した大量の部品を使って完成車を無駄なく効率的に生産するためにバーコードを横や縦にいくつも並べ、それらをすべて読み取ることで、「かんばん」情報をなんとか管理していた。

しかし、そもそもバーコードを印刷する「かんばん」の物理的大きさに限界があり、多様化する部品や生産工程に必要な情報量を格納することが難しくなっていた。加えて、かんばんに印刷するバーコードを増やせば、バーコードを補完するため、印刷される文字がそれだけどんどん小さくなり、読みづらくなってもいた。

こうした状況の中、当時の「かんばん」を読み取る工場の現場で、作業員がごく短時間で複数のバーコードを読み取る負荷の大きさを問題視する声がすでにあがっていた。たとえば、一〇個のバーコードを読むには、一〇回の読み取り作業を行わなければならず、一九八〇年代後半には「バーコードかんばん」での管理に限界が見え始めていたのである。

かんばんに格納する情報量や情報の読み取り回数が増える一方で、読み取り時間もかかり、ミスを引き起こすポイントがいくつも生まれてしまっている。従来の仕組みで「じわじわと延命措置をとるよりも新しいものに挑戦すべきではないか」とそれまでバーコードに取り組んできたメンバーは強く感じるようになっていた。

バーコードをこれまでのように使って、対症療法的に対応するのでなく、新しいコードを開発し、より大容量の情報を短時間で簡単にミスなく処理できるようにする、デンソーにとって新しい挑戦が始まることになる。

二次元コードの検討

バーコードでは、かんばん方式に必要な情報量を適切に管理することが難しくなっていることを認識したデンソーは、まずは既存の二次元コードを検討することにした。デンソーの現場からの要望を整理し、二次元コードシステムが実現する必要がある要件としたものは、以下の六点だった。[2]

①少なくとも二〇〇桁以上の情報を「かんばん」上に表示できる
②「かんばん」を箱に付けたままワンタッチで読み取れる
③「かんばん」はコンベヤ上を流れる移動中に読める
④油などの汚れに強い
⑤究極の情報化といえるモノ（生産物）そのものに印刷できて読み取れる
⑥取引上の伝票に使用できるほど多くの情報が入れられる

工場の中だけなら、バーコードの読取機の改良でなんとかなるかもしれないが、これからはコンピュータの時代で、工場を超えたもっと広い範囲で大量の情報の読み取りニーズが生まれてくるに違いない。既存の製品の改良ではなく、もっと大きな挑戦をすべき時だ。ＯＣＲで複数のバーコードを読む仕事にめどをつけつつあった原は思った。

電子応用機器事業部では、一次元だけでなく二次元シンボルについての動向に日頃から気を配っていた。当時、バーコード発祥の地であるアメリカでは、バーコードより多くの情報を格納する二次元コードの研究が活発化していた。バーコードは水平方向の一次元に情報を格納するのに対して、二次元コードは水平方向だけでなく垂直方向にも情報を二次元で格納するので、情報密度を一気に上げることができる。

二次元コードには、二種類の情報格納の方式がある。一つがスタック型、もう一つがマトリックス型だ。スタック型はバーコードを垂直方向に積み増していったものだと考えれば、直観的に理解しやすい。

スタック型の代表的なものは、一九八九年に開発されたＰＤＦ４１７（ＰＤＦはPortable Data File の頭文字を取ったもの）だ（図2-2）。

もう一つのマトリックス型は、コード内に正方形あるいは点（セル）を格子状に配置し、情報を格納する。情報格納を正方形（セル）の集合で考えるという点が画期的だった。結論を先取りすると、デンソーはコードの自社開発でマトリックス型を採用することになる。

マトリックス型の代表的なものは、データマトリクス（Data Matrix）とマキシコード（Maxi

図 2-2 ●二次元シンボル

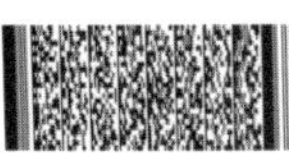

PDF417

データマトリクス

マキシコード

QRコード

出所：Wikipediaより作成

Code）だ。

データマトリクスは、一九八七年にインターナショナル・データ・マトリクス社が発表し、主に半導体業界で採用されていた[3]。その特徴は、コードの大きさを格納する情報量によって小さくしたり大きくしたりできることだ。コードを正方形（点）の集合（モジュール）と見ることで、いくつかのモジュールを組み合わせたものとしてコード化できるようになっているのだ。

その結果、データマトリクスは二次元コードの中では最も小さな面積に印刷できるコードだった。データマトリクスは読み取りが難しいが、小型化できる長所を生かし、少量データを小さな空間に印刷して使われていた。

マキシコードは、データマトリクスが開発された一九八七年と同じ年に開発されたコードで、アメリカの大手物流企業のＵＰＳ（United Parcel Service）社が開発したものだった。物流企業によって開発されたこともあって、物流センターで高速で仕分けできるようにコードの特定を容易にするため、工夫した模様を組み込み、コードの規格は約一センチ角の大きさで、三三セル×三〇セルと、格納できる情報量が他の二次元コードに比べて少なく、英数字で最大九三キャラクタでしかなかった。

既存の二次元コードは、大容量の情報格納、サイズ設定の柔軟性、高速読み取りという機能のうち、どれか一つでのみ有効性を発揮する設計となっていた。当時の代表的な二次元コードを使って例を挙げれば、ＰＤＦ４１７は大容量の情報格納、データマトリクスは小サイズ印刷、マキシコードは高速読み取りが長所だった。

その結果、当時の全米自動車産業協会（ＡＩＡＧ：Automotive Industry Action Group）では、すべての使用場面に通用する二次元コードの決定版は存在せず、二次元コードの使用分野を三つのカテゴリーに分け、それぞれのカテゴリーごとにコードが推奨されていた。

品質情報、部品管理といった多桁情報の表示が必要なものにはＰＤＦ４１７を、小型部品へのマーキングといった小型印刷用にはデータマトリクスを、生産ライン上を移動しながらのコード読み取りといった高速認識にはマキシコードを、といった具合に使われていた。

用途ごとにコードを使い分け、それぞれに読取機やシステムを管理するのでは非効率だ。トヨタグループ全体でかんばん方式の情報管理をする立場のデンソーの視点から見れば、自動車業界だけを取っても、一つのコードで一元的に管理する余地がそこにあった。

中内切が絶賛

自社オリジナルで、世界で一番使ってもらえる新しい二次元コードを開発したい。既存の二次元シンボルを検討し終わった後、上司にそう進言したのは、応用機器技術部でバーコード・ハンディ・ターミナルやOCRリーダーの量産化を担当していた原だった。「世の中にないものを生み出したい」と常日頃から思っていた原にとっては、思いを実現させる格好のプロジェクトだった。

そもそも原がQRコード開発の責任者に選ばれた大きな理由は、彼にOCRリーダーの開発経験があったからだ。OCRは二次元コードと同じで、水平方向の一次元だけでなく、垂直方向を加えた二次元で情報を格納する二次元シンボルの一つだった。原はその読取機の開発を経験しており、そこでの知識をバーコードの二次元化に生かせるのではないかと考えられたのだ。

デンソーがOCRリーダーの開発を行うきっかけは、一九七〇年代に行われた生産ラインで利用される定置用OCRリーダーの開発だった。かんばん方式で「かんばん」を検収するとき、紙に押印して税務用に領収書を保管する義務があった。

受領印を押された書類を最終的にコンピュータにデータとして保存するために、領収書に書かれている文字を自動的にコンピュータに読み込めれば便利だということで、現場に固定して置き、活字を読み取るOCRリーダーを開発したのだ。これも生産現場からの要望で開発されたものだった。

この定置型リーダーを使ううちに、今度は、簡易型でもよいので持ち運びできるOCRリーダーが欲しいという声が生産現場から起こり、携帯型OCRリーダーが開発されるようになった。一九八〇年代に入ってからのことだ。

バーコードを読み取るリーダーを補完する形で、OCRリーダーの開発も進められるようになった。ちなみにOCRリーダーは、外販用ではスーパー向けに企画された。この外販用リーダーを担当したのが原だった。

当時、スーパーでは商品価格を記した値札シールが商品に貼られていて、それを見てチェッカーがレジに値段を打ち込んでいた。OCRリーダーなら値札を読むのに使えるということで、デンソーは原をメンバーの一員として開発に着手した。ダイエーを巨大スーパー・チェーンに育て上げた起業家中内㓛は、このリーダーのプレゼンを見て絶賛したという。

しかし、この企画は成功には至らなかった。チェッカーは、値札を見て素早くレジに打ち込むことに習熟していたため、OCRよりはるかに速く正確に、レジにデータを入力できていたからだった。

このような経験を積んでいた原は、バーコードやOCRの読取装置を担当することで、ハードウェアとソフトウェアの両方について知識と経験を蓄積していた。それまで手がけていたアメリカに輸出する製品に添付する書類に印刷された九個のバーコードをOCRで読むというプロジェクトにちょうどめどがつき、新しい仕事に取りかかれるタイミングになった。そこで原はオリジナルの二次元コードを開発したい、と上司に進言することになる。
「工場の工程管理だけでなく、流通業界といった他の業界での活用が当初からありました。そしてもう一つ、腹の底には『コードそのものを生み出すことでOEM体質を脱したい』という思いがありました。それと、どうせやるなら、トヨタグループを超えて使われるものにしたい、世界一のコードにしたいと思いました」と、原は進言した背景を説明する。

四名での船出

「バーコードに代わる世界一になる新しいコードを作らせてほしい。時間は長くはかけません」と、原が自らの希望を、上司だった佐藤晋技術部主席部員に伝えてから、その答えを聞けたのは、数日後のことだった。

部屋に呼び出された原は、「やってもいいが、カネはないぞ。時間もかけてはダメだ。別用途でOCRの開発をしている渡部（元秋）と二人でやってみろ」と告げられた。「わかりました。ありがとうございました」と原は答えた。嬉しくてなんとも表現しようのない感情が胸の底から湧いてくるのがわかった。

上司からの「カネはない」という言葉に、原は不安を感じることはなかった。ハードの開発ならコストはかかるが、ソフトならなんとかなりそうだと思ったからだ。ハードが必要かどうかは、ソフトを使ってユーザーの反応を見てから決めればよいとも思った。

原は七歳下の渡部と組んで仕事をすることも、同じＯＣＲ開発の仕事をしていたので、やりやすいと思った。

ここでプロジェクトチームのメンバーとなる渡部元秋について紹介しておこう。渡部は、一九八四年に愛知県豊川工業高校を卒業し、同年、日本電装学園（現・デンソー工業学園）に入社する。大学進学を考えたこともあったが、親に負担をかけたくないと思い、就職を選んだ。

高校で閲覧した求人票の中に、勉強しながら給料がもらえる日本電装学園の求人があり、進学に少し未練があった自分にうってつけの会社だと思った。しかも、地元の大企業で給与面での待遇も良かった。同じ部活の先輩が入社していて、社内の雰囲気を聞いたり、その他の情報を事前に入手できたりしたことも、就職後の不安を払拭するのに役立った。

渡部は日本電装学園で勉強と訓練を受けた後、一九八五年一〇月に職場配属になり、入社後は「かんばん」方式で使われていたＯＣＲ帳票の読取機の開発に参加し、その後、機器組み込み用の高速バーコードリーダーの開発に携わっていた。

ＱＲコードの開発に参加する直前には、原が開発した携帯型ＯＣＲの量産化の手伝いをしており、プロジェクトへの参加が決まった一九九三年には入社九年を迎えていた。後に渡部は、ＱＲコードプロジェクトではソフトウェアの開発を担当することになる。

プロジェクトへの参加が決まったとき、原にハードウェアとソフトウェアのどちらの開発をやりたいかと聞かれ、ソフトを選んだのだ。ＱＲコード開発後は、主に画像からＱＲコードを検出する読取プログラムを開発したり、後述するベルトコンベヤのデモソフトを開発することになる。

話を元に戻そう。二次元コードの開発にあたって「時間もかけてはダメ」という期間設定に対して、原は自分で言い出したこともあって、不満は感じなかった。「計画を立てて確実に進めることも重要ですが、チャンスと見ればすぐに行動することも大切です。幸いなことにわれわれは開発環境に恵まれており、ハードもソフトも基盤がありました」と、原はデンソー社史作成用のインタビューで語っている。

先に紹介したように、原は、一九八〇年代半ばにスーパー向けにＯＣＲ機器の試作機をダイエーに持ち込んで、中内に褒められたことがあったが、熟練チェッカーの存在に加え、機器の開発が遅れたうえに、その間にバーコードが普及し、値札の数字を直接読み込むＯＣＲ機器の受注が難しくなっていった経験があった。

「あの製品もタイミングさえ合えば確実にヒットしていたはず。この世にない価値を生み出す際には、決してタイミングを逸してはいけない」。ＯＣＲ機器での苦い教訓が原の体に染み込んでいたため、二次元コードの開発を二年という短期間で行うことは、むしろ自然なことだと受け止められた。

デンソーが既存の二次元コードを採用せず、新たに開発することを選んだ理由は、他にもあった。既存コードの特許に対する懸念があったのだ。デンソーでは当時、外販していたバーコードリーダーについて他社から警告を受けたり、デンソーのほうから警告を他社に発したりすることがあった。

他にも調べてみると、アメリカで先行してCPコードという二次元コードを開発していた発明会社が、後発のデータマトリクスのユーザーに警告し、訴訟が起こっているという話も入ってきた。実際、第3章で紹介するように、デンソーも特許には相当気を使ったにもかかわらず、先行する二次元コードの発明会社から特許の使用について警告を受けることが起こった。

こうした問題が発生すると、デンソーの製品を購入し、利用している客に迷惑がかかる可能性がある。そうならないためには、自社製品のリーダーが読み取るコードも、自社が特許権を行使できる自社開発にしたほうがよいと、原もデンソーも考えたのだ。

一九九二年夏、二次元コードを開発するプロジェクトが始まった。メンバーは原と渡部のわずか二名。少ない人員でソフトウェアの最先端の開発を行う必要性があったために詳しくは後述するが、豊田中央研究所の助けを借りることにし、若手技術者を二名出してもらって合計四名での船出となった。

同研究所から選ばれた二名は、入社二年目で、ソフトウェアに詳しい長屋隆之と、入社一年目で、視覚に関する心理や情報を研究対象としていた内山祐司だった。長屋は名古屋大学工学

写真 2-2 ● QR コード開発メンバーの4名

左から内山、長屋、原、渡部　　出所：豊田中央研究所

部で自動制御を、同大学大学院で三面図のデジタル化を研究し、内山は東京工業大学大学院で視覚心理学を研究した経験があった。ただし、二人とも二次元シンボルについては全くの素人だった。

ちなみに、内山は二年間、後述する「切り出しシンボル」の研究を手伝ったが、途中で上司からのアドバイスもあり、他の研究テーマに異動となる。同研究所側で最後までＱＲコード開発にかかわることになるのは長屋だった。ミーティングは、最初の頃は二週間に一回行われ、ペースがつかめるようになると、月に一回のペースになった。

開発方針の決定

「どうせやるなら、トヨタグループの中にとどまらない、世界のいろいろな業界で利用される世界標準となる二次元コードをめざそう」

原は、もともと心に秘めていた目標を、一九九三年二月一二日の最初の顔合わせのミーティングで他の三名のメンバーに打ち明けた。

アメリカでは十数種類の二次元コードがすでに開発されて市場で争っていたが、市場の大半を占める決定版は存在していなかった。それらのどのコードにも性能で負けないコードを開発して世界標準にしよう。「それはいい。そうしよう」と、共同開発チームの思いはすぐに一致し、開発方針は固まった。

チームの最初の頃のミーティングでは、原が二次元シンボルについて説明するところから始まった。原はメンバーの前で既存の二次元コードを読取機で読ませてみせた。読み取りが遅い、誤読する。「こんなに遅いものか。こんなにちゃんと読めないのか」と、特に豊田中央研究所側の二人は驚き、新コード開発の必要性を強く実感することができた。

いよいよ開発を始めるにあたって、開発方針には二つのポイントがあった。一つは先行する二次元シンボルに劣らない性能を実現すること、もう一つが、既存の二次元シンボルにない新しい機能を搭載することだ。

デンソーがライバル視した二次元コードは、ＰＤＦ４１７、データマトリクス、そしてマキシコードだった。それぞれのコードの特長は、大容量情報の格納、小型化、高速読み取りだ。

これら三つの機能すべてにおいて、開発するコードは同等、もしくは超える性能を実現することをめざした。

また、既存コードにはなかった新機能として、各国固有の文字コードを効率良くコード化する機能を搭載することにした。さらに、先行する二次元コードは重視していなかったが、デンソーは経験上、使用現場ではきわめて重要になると考えていた、汚れに強い、つまり、汚れても読める機能を搭載し、訴求点とすることにした。

まず、デンソーは二種類の二次元シンボルのうち、マトリックス型を採用した。マトリックス型は、そもそもスタック型と比べて格納する情報密度が高く、同じ大きさならば、より多くの情報量を格納できる性質を持っていた。

スタック型はバーコードを垂直方向に積み上げた構造になっているので、読み取り精度を高めるためには、バーコードの垂直方向の高さにあたる部分に、ある程度の長さが必要だ。その長さは、マトリックス型の三〜一〇倍になる。つまりマトリックス型は、バーの高さを持つ必要がない分、情報密度を三〜一〇倍高くできるのだ。

格納できる情報密度が高いという理由の他に、デンソーがマトリックス型を採用したさらに重要な理由が二つあった。

第一に、マトリックス型はスタック型にないどのような角度からでも読めるという携帯型リーダーに適した特徴を持っていた。デンソーから見てスタック型には難点があった。その当時のスタック型の標的コードだったPDF417の読取装置は、レーザーのラスタースキャン方式と呼ばれるもので、読み取りに時間がかかったのだ（しかも、読み取りのためにミラーを駆動しなくてはならず、読取装置の耐久性にも問題があった）。

スタック型はバーコードを縦に並べ、横方向にコード化されている情報を順に読み取っていくという方式ゆえに、コードの方向に沿った一方向でしか読み取ることができない。しかし経験上、コードは使われるようになると、端末でさまざまな方向から読み取れることが求められるようになる。デンソーは自動車の生産やコンビニでの決済実務で、コードはあらゆる方向から簡単かつ短時間、正確に読める必要があることがわかっていた。いくら大容量の情報を格納できても、コードの向きに合わせてバーコードリーダーを当てる作業のために、読み取りに時間がかかったり誤読になることは避けたかった。

その点、マトリックス型は情報を格子型に格納し、正方形（セル）の読み取り角度を補正して情報を読み取る機能を持っているので、読み取りの方向性に制約がなかった。

第二に、コードの検出を迅速化する工夫ができるからだった。バーコードよりも格納情報量を増やした二次元コードにとって、コードを迅速に検出できることは決定的に重要だった。処理する情報量が大容量化すれば、それだけ処理時間がかかることになる。記録容量を増大できても、コードの検出自体に時間がかかっては、読み取り時間が長くなり、意味がなくなってしまうのだ。

切り出しシンボルへの注目

コードの検出を短時間で実現するために、原が注目することになるのが「切り出しシンボル」だった。「切り出し」は、英語の segmentation の日本語訳だ。ＯＣＲの場合、文字を一文字ずつ切り出しながら読み取る。「切り出し」はそこから来た用語で、ＯＣＲの事業を担当した経験のある原にとっては、なじみのある考え方だった。

データマトリクスでは、コードの大きさに柔軟性はあっても、コードの読み取りに時間がかかっていた。Ｌ字型の模様をコードに埋め込み、その模様を切り出しシンボルとして認識することで、コードの位置把握をしていたのだが、実際にかんばん方式で使用する伝票などの書類には、枠組みや罫線などＬ字模様に似た形状のものが頻出するため、二次元コードとの区別に時間がかかってしまっていたのである。

デンソーでは、バーコードリーダーの開発経験の長年にわたる蓄積で、コードを読み取る段階でコード認識ができてしまえば、データの読み取り時間を圧倒的に短縮できる可能性があることがわかっていた。コードの読み取り速度を上げるには、切り出しシンボルが有効で、切り出しシンボルを採用するには、スタック型よりもマトリックス型が適していたのだ。

トヨタ自動車の生産現場やセブン‐イレブンでの店舗販売の現場とのやり取りから、デンソーでは電子的にコードを読み取る際、どのような場合に誤読が起こり、どのような場合に読み取りが難しくなるかの事例を収集し、現場データを蓄積していた。正確で高速な読み取りが難しくなる状況をデータベース化し、整理できていたのである。[4]

開発メンバーが自社コードの差別化の最大のポイントとしたのは、コードの「読み取りやすさ」だった。既存の二次元コードには弱点があった。読み取りにくさだ。構造が複雑な二次元コードは、読取機がコードの位置や大きさ、傾きなどを認識するのに時間がかかってしまうのだ。それは読取機の改良では克服できないものだった。

「当時のバーコードだと一秒間に一〇回ぐらい読めるのに対し、二次元コードに何の工夫もせずに設計すると一回で二～三秒かかる。つまり、二〇～三〇倍の読み取り時間を要することがわかっていました。海外の二次元コードがなかなか普及しない理由の一つが、そこにあると私たちは考えていました」と、原は説明する。コードそのものを読み取りやすくする工夫が必要だったのだ。

ファインダパターンの着想を得る

読み取りやすい新コード開発は、既存技術では解決できない問題だった。突破口を探して原と渡部の二人は、四六時中考えた。勤務中だけでなく、同僚との雑談中や通勤時、自宅でもひたすら考えた。それでもアイディアが浮かばない。どのような発想でコードを設計すればよいのかが思いつかず、原は悶々とする日々を過ごしたという。

良いアイディアが浮かばずに暗い顔をしている原を、隣り合う部署だった知財部の同僚が心配し、ある日、何かの役に立つのでは、と遊び半分に当時流行っていたおもちゃを原のところに持ってきた。

頭に鉢巻きのようにベルトを巻く。脳からα波が出てそれが検出されると、ベルトのLEDランプが緑色に光るというものだった。α波とは、ヒトや動物の脳が発生する電気的信号（脳波）のうち、八～一三ヘルツ成分を指し、リラックスしているときに多く出るといわれる脳波だ。

好奇心旺盛な原は、このおもちゃを借りて、α波が出る状況を調べてみた。リラックスしているときは、良いアイディアが浮かぶというので（科学的な根拠はないのだが）、アイディア出しに躍起になっている原の興味をそそったのだ。

原は遊び半分、真面目半分でさまざまな状況で試してみると、職場ではα波が検出できなかった。「これは職場ではダメだな」。原はひそかに思った。職場以外でも調べてみると、風呂上がりやビールを飲んでいるときや外の木々の緑（景色）を見ているときにLEDが緑色に光った。「なるほど、自分は景色を眺めているときに、特にα波が出やすいのだ」と解釈した原は、軽い気持ちでそれからは会社の行き帰りに、できるだけ景色を見ることにした。

数日後、休日出勤で電車に乗って会社に向かう途中、原はドアのところに立って窓越しに外を眺めていた。目の前を流れるのは、いつも見慣れた風景だったが住宅街の中に少し高いビルがあり、最上階の両サイドに大きな窓がデザインされていた。原は説明する。

「一瞬、一つのビルだけがはっきり見えたような気がしたんですね。で、なんだろうと思ってもう一度、電車の窓越しにビルを見直してみると、ビルの上層部に特徴的なデザインがあって、あっ、これだ！　とそのとき、ひらめいたのです。最上階の両サイドの窓が、周りの風景からそのビルだけを抽出しやすくしているようでした。

それなら、コードの定位置にいつも特徴的な模様を付けて目印にすれば、機器はコードを素早く認識できます。さらに、その目印を三つの隅に置けば、コードの存在を示すだけでなく上下左右の方向性も認識できます」

それは、原がファインダパターンの着想を得た瞬間だった。ここから新コード開発は、一歩前に進むことになる。

あらゆる活字を解析する

他の印字や模様から区別して認識するファインダパターンをコードの三つの隅に付けること

をなんとか思いついた原だが、では、どういう形の目印を付ければ、背景から区別して認識できるようになるのか。次なる問いに対する答えを見つけなければならなかった。

コードの三つの隅に付けられる目印。読み取り速度を上げるには単純な形がよい。しかし、どこにでもある形だと、コード以外のものをコードだと誤って認識してしまう危険性が高まる。単純だがめったに見かけない、できれば唯一無二の形。それはいったいどのようなものか。

原と渡部は、頭をひねって考えつく限りの案を出してみた。しかし、決定打になりそうなものは全く出てこない。

困ったとき、原は後輩である渡部とよく雑談をした。時には気がつくと自分たちの夢について語っていることがあった。原は当時を次のように語る。

「このコードは世界中の人に使ってもらいたい。デンソーは部品メーカーでOEM供給することが多い。その場合、ユーザーの手に渡る製品は、TEC製やNEC製ということになる。デンソーは、自分たちの名前が利用者の目に触れることがほとんどない黒子のような存在だ。なんとか自分たちが名付けた製品を世に出して、世界中の人に自分たちのことを知ってもらえるようになりたい。そして、デンソーの知名度をアップさせたい」

それが二人の共通する夢だった。自分たちの名前が付いた製品を世界中で使ってもらえるチャンスを今もらっている。ここであきらめるわけにはいかない。互いの共通する夢を語り合うことで、折れそうになる心を持ち直し、もう一度、挑戦してみようと自分たちを奮い立たせることができた。

折れそうな心を渡部との雑談で、なんとか持ちこたえていた原に転機がやって来たのは、切り出しシンボルの形を考え始めてから四カ月ほど経った頃だった。

「もうダメか」とあきらめかけていた原ではあったが、あるとき、開発者としての基本を思い出した。「原点に戻る」ことだ。印刷物に出ている形を見てみよう。原と渡部は頭で考えてひたすら悩む作業を中断し、手当たり次第に印刷物に出ている活字に目を通すことにした。「迷ったら手を動かす。行動し続けていれば、たとえ失敗してもヒントが得られて次のステップにつながる」。これが原が大切にしている開発方針であり、原点だった。

九個印刷されたバーコードをOCRで読み取るプロジェクトを担当したときのことだ。どうすれば速く正確かつ簡単に読めるのか、わからないことばかりだった。プロジェクトは原一人に任されていて、誰に相談しても当事者にしかわからないことばかりで、途方に暮れる毎日だった。

しかし、頭で考えるだけで何もせず悶々と時間を過ごすよりも、アルゴリズムを考えて実行してみて、うまくいかなかったらアルゴリズムを少し変えて再度実行してみる。こうした試行錯誤を繰り返す中から解決への道筋が見え、課題を解決することができたという経験が原にはあった。その経験から「迷ったら考えるだけでなく、手を動かす」ことの重要性を学び、開発方針の原点としていたのだ。

「蒔かぬ種は生えぬ、だ」。原は、新聞、雑誌、書籍、書類など国内外の数千点の情報をデータにして解析し、同時に、最初から唯一無二の形を考えるのでなく、現存する形を集め、その集積の中で空白になっている部分を浮かび上がらせるという方針を立てた。アイディアの発想法を思考から行動へと一八〇度転換することにしたのだ。

ここでも、OCRの文字読み取りの考え方が参考になった。

「OCRでは画像の中から文字列を切り出して、そこから一文字ずつ抽出し、文字を認識します。その文字列を抽出する際に活字の白と黒の比率がカギになることがわかっていました。コンピュータはバーコードのような一次元の処理が得意だからです。雑誌など、活字（フォント）のデータを入力し、白黒比を計算してデータにしていき、活字に少ない比率を見つければ、その比率を使うことで活字と区別できると考えました。白黒の比率が特有なパターンがあれば、そこにコードがあると認識できるだろうと考えたのです」と、原は説明する。

黄金比の発見

原は渡部と二人で世の中に存在するあらゆる印刷物を調べ、雑誌、新聞、チラシ、書類など、国内外のさまざまな印刷物を集めてデータ化していった。日本のものは簡単に手に入ったが、海外のものは知人に送ってもらったり、出張に行く人に買ってきてもらったりして集めた。解析用の機械は、長時間の使用に堪えられるよう、原が自作した。

原が手当たり次第に印刷物の収集と分析を始めたとき、作業の内容を聞いたプロジェクトメンバーで豊田中央研究所の長屋と内山は「えっ」と驚き、続く言葉が出なかった。「その手があったか。でも、そんな途方もないほどの量の作業を本当にやるのか。やり切った先に、何かが本当に出てくるのだろうか」と二人は思った。

力業の作業に取り組んだ結果は、大当たりだった。原が昼夜を問わず解析を行った結果、三カ月後、世の中で使われていない形を突き止めた。■枠、□枠、中央の■がそれぞれ1対1対3の線幅で並ぶ独特の形だ（図2-3）。

頻度を示すグラフでパターンが見えてくると、この比率が他のパターンに比べて著しく低い頻度でしか現れないことがわかってきた。1：1：3：1：1という、黄金比とでもいうべき比率を持つ白黒の四角形を、ついに探り当てたのである。

誤り訂正機能

二次元コードは、汚れる、破損するなど、さまざまな環境で使われることになる。汚れたり

図2-3●1：1：3：1：1の黄金比

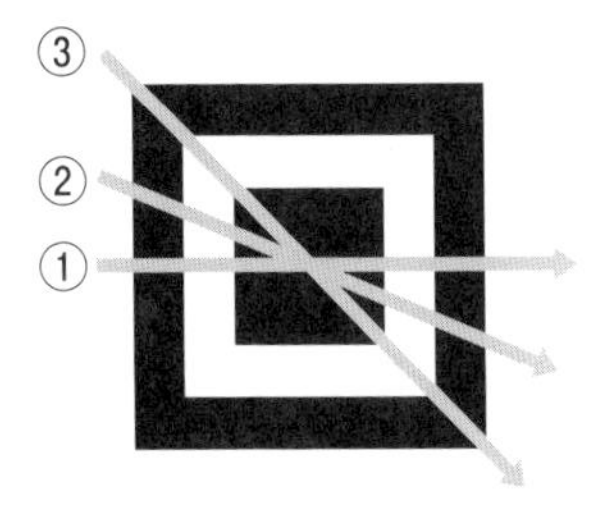

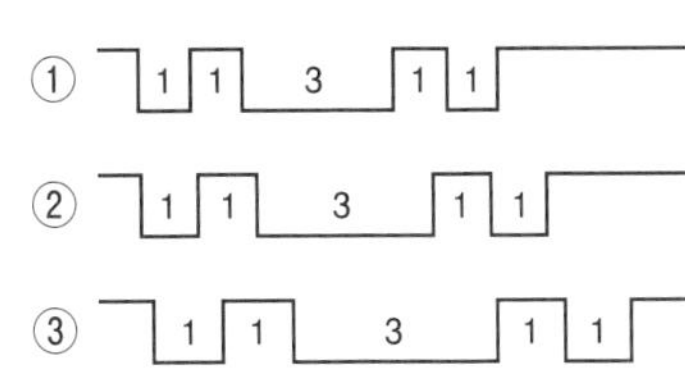

黒：白：黒：白：黒
＝
1：1：3：1：1

出所：デンソーウェーブ

破損したりした部分にどのような情報が格納されていたかを計算で正しく割り出すため、そうした機能をあらかじめ組み込んでおく必要があった。一般に誤り訂正機能と呼ばれるものだ。この機能については、ソフトウェアに関する最先端の知識が必要で、原と渡部がゼロから勉強するというのは現実的ではなかった。

そこで、一九九二年に開発プロジェクトを始めるにあたって、豊田中央研究所に支援を求めたのだ。同研究所は材料、機械、情報などあらゆる分野の最先端研究を行うトヨタグループの頭脳であり知の拠点で、同研究所にはトヨタはもちろん、デンソーも出資をしていた。

研究テーマがデンソーと豊田中央研究所の両方の関心領域にある場合は、年間四～五件、追加の費用をデンソーが同研究所に出すことなく、委託研究を行うことができる制度がある。幸い、二次元コードを開発するテーマが入り込む余地がその年にはあった。

そのことを知った原は、もちろん応募することにした。豊田中央研究所の支援を受けることができれば、デンソー社内に対してもトヨタグループに対しても、後の製品化や工場への導入で話を有利に進められるという読みもそこにはあった。

二次元コードの開発が始まった頃、社内の廊下で、元上司で他部署に異動していた岡本とばったり会った。「二次元コードの開発を始めました。豊田中央研究所さんに協力してもらうことにしました」と話すと、それはとても良いことだと褒めてくれたという。

「豊田中央研究所はトヨタグループだから、そこがやってくれた仕事を市場に流すということなら、そのことがトヨタグループの中で認められることになるじゃないか。

デンソーは出資しているけれど、トヨタも出している。あの中研さんがやったことだとなるわけだ。それはトヨタグループの中の技術を有効利用するということだから、デンソー社内で仕事を進めていくうえでも、きっと役に立つに違いない。中研から商品化してくれと言われたとなれば、話が通りやすくなるのだから。それが一番大事だと、岡本さんは言われました。確かに岡本さんのおっしゃっていたことは、当たっていました」と、原は言う。

誤り訂正機能は、コードを読み取って間違った結果を返さないための最後の砦になるところだ。豊田中央研究所の長屋隆之は、誤り訂正機能に関しては全くの初心者だったので、本当に訂正機能を実現できるのか、不安や焦りがあったという。

長屋は「良いアイディアが浮かばず、とにかく手を動かす中からパターンの黄金比を見つけた」原の姿に胸を打たれた。長屋は、誤り訂正符号に焦点を合わせたテキストである東京大学の今井秀樹著『符号理論』（電子情報通信学会、一九七三年）を読むことから始め、採用する符号を選んで計算の方針を立てた。採用したのはCDの読み取りでも採用されていたリードソロモン符号で、すでに使われた実績があることが一つのポイントだった。

「最新の研究をするのであれば別ですが、実務で使うのですから、信頼できる性能を出すことが重要です。『枯れた技術』、つまり、実績のある符号の中から選びました」と長屋は語る。「迷ったら手を動かす、だ。僕も手を動かそう」と長屋は、手計算でコードが汚れたり破損したりする場合を四つに場合分けし、それぞれに最適な復元方法を計算することにした。そこでの方針は、「どんな誤った読み方をしても、間違った結果（情報）を返さない」というものだった。

計算できるコンピュータソフトが当時はなかったので、試行錯誤しながら大学ノートを何冊も使い、手計算を重ねていった。その結果、誤りの割合と訂正のための演算の仕方や補正情報の分量がわかってきた。

現在、QRコードは、誤り訂正機能を付ける場合、七％から三〇％までの四段階になっている。三〇％を最大値にしたのは根拠があった。誤り訂正の復元率を上げるとコードに格納できる情報量が減るので、自動車工場で実用化できる情報量を基準にして、復元率とのバランスを考えると、最大値が三〇%になったのだ。

「QRコード」という名前

開発を始めてから二年後の一九九四年八月。デンソーは新しい二次元コードを完成させた。新聞発表をする段になり、まだ名前がないことにプロジェクトメンバーが気づき、問題になった。それまで開発していたコードに名前は付けられていなかったのである。そこで、新聞発表の一週間前に会議を開き、急遽名前を付けることになった。

出席者は、原の他に、後にデンソーの副社長になる営業次長の大屋健二、営業課長だった神谷芳治、営業係長の藤本直、第一技術室室長の野尻忠雄、技術部主席部員の佐藤晋、渡部元秋の七名だった。

コードの名前は、出席者がそれぞれ考えたアイディアをホワイトボードに書いて命名の理由を説明し、多数決で決めた。野尻は、PDF417のようにコードネーム風なのがよいのではないか、とF131という名前を提案した。Fはファインダパターンから取ったもの、131は同パターンの1：1：3：1：1にちなんだものだった。

原もファインダパターンが売りだという点では野尻と同じだった。原の提案は、切り出しコードが特徴なので、「早く読める」でQuick、「目印」という意味のTagで、Quick Tag

という英語名だった。略すとＱＴで、当時「キューティーハニー」というテレビアニメが再放送されていたので、印象に残りやすいのではと考えた。

しかし、開発メンバーからの二つの案に対して営業系のメンバーの反応はいまひとつで、名は体を表すのでコードの特徴を表したほうがよいのでは、という意見が出た。「素早く読める」「小さくプリントできる」「大容量」といったことを英語にするとなんと言うのだろう、といった話が出た中で、大屋から「速く読める」で、Quick Response、略して、ＱＲ（コード）がいいんじゃないかという提案があった。

議論は決定打が出ないまま続き、では、多数決で決めようということになり、決を採ったところ、ＱＲとＱＴの一騎打ちとなり、四対三の僅差でＱＲに決定した。最大の訴求点である高速読み取りができることにちなんだQuick Responseの頭文字を取ったＱＲコードの名前が誕生した瞬間だった。

ＱＲコードの特徴

ここで、ＱＲコードの特徴について整理しておこう（図2-4）。

コードを高速かつ正確に読み取るために原が考え出した工夫は、三つのパターンをコードに埋め込むものだった。ファインダパターン、アライメントパターン、タイミングパターンであ

図 2-4 ● QRコードの特徴

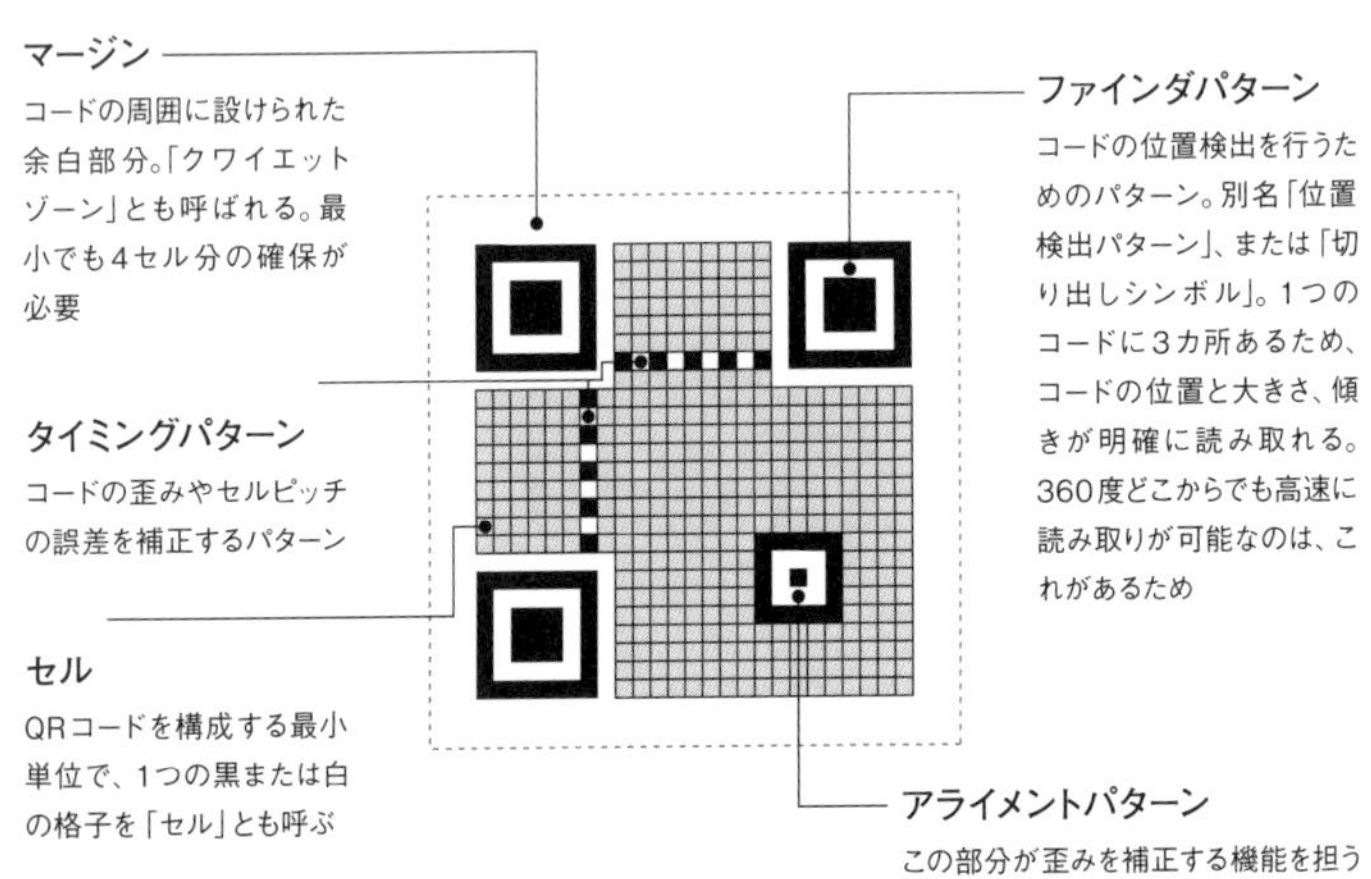

出所：デンソーウェーブ

る。ファインダパターンはコードの位置を早く正確に特定するため、アライメントパターンはコードが読み取られた角度を、タイミングパターンは読み取られた湾曲状況をそれぞれ正確に特定し、正しい情報に変換するために考案した。

三つのパターンすべてが左右対称になっているのは、次の理由からだ。コードを読むときに、読取装置をどんな角度で当ててもコードがあらゆる角度に回転していても正確かつ高速に読み取る必要がある。そのためには、認識アルゴリズムに関する開発経験から、左右対称が適しているという原の経験則があったのだ。

アライメントパターンは、実はQRコードが最初に開発されたときに入っていたパターンではなく、後に国際標準化されるときに加えられたもので、斜め方向からでも正確に情報を読み取るための工夫だ。データを少しでも多く格納するためには、面積の小さいパターンがベストになる。面積が小さく歪補正が正確かつ早くできる形状を考えた。

パターンの形を考えているとき、コンピュータ処理に使う紙テープ（自動パンチ機で穴を開けて、穴の有無で0、1の信号を記録する）が参考になった。光学的な情報読取装置に関する特許調査をしているときに、たまたまキーワードに引っかかる公開特許公報の中に紙テープの図があり、それを見て「これは使える」と原は思ったのだという。

歪補正をする方法としては、実際のセルの中心座標と計算で求めた座標の差を算出して補正する。特定のセルの中心座標を簡単かつ早く正確に求めるためのアイディアで、参考になったのが紙テープのパンチ穴だった。中心座標を求めやすくするには、紙テープの穴のように他から離れて存在する（孤立する）セルを配置すればよいと考えたのだ。

「ただし、三×三セルの中心セルを黒セル、それ以外を白セルとすると、コード内に似たパターンが多く出てくる可能性があるので、その周りを黒セルで囲む形状にしました」と、原は説明する。

最後に、タイミングパターンに関しては、先行するデータマトリクスで採用されていたものを参考に開発し、組み込んだ。こうした経緯で開発されたQRコードは、大容量については数字で七〇〇〇キャラクタの格納が可能で、二次元コードの中では最大になった。

小型化についてはデータマトリクスとほぼ同等であったが、上回ることはできなかった。これは、高速読み取りを実現するためのファインダパターンの面積が、データマトリクスのそれに対して大きいことが原因だった（このことが要因となって、後にデンソーはマイクロQRという小型化できる二次元コードを開発することになる）。

高速読み取りについては、一秒間に三〇シンボルの読み取りを可能とし、最高速の読み取りを実現した。汚れについては、誤り訂正の比率を三〇％まで向上させた。

QRコードは、先行する二次元コードが重視していなかった漢字を効率的にコード化する機能を搭載した。日本漢字のエンコードについては漢字一文字を一三ビットでコード化することにより、英数字および漢字で構成される二〇〇キャラクタをQRコードでは一七・一平方ミリメートルでエンコードできるのに対して、データマトリクスは二一・六平方ミリメートル、PDF417は三〇・六×六一・五ミリメートルの面積が必要で、最も効率的にエンコードできる性能を実現した。

元来、コンピュータで使用される文字コードはアスキーであったが、インターネットや情報技術の普及により、各国の言語に対応することが必要になった(5)。そのために考案された文字コードがユニコードであったが、ユニコードは一六ビット構成であり、冗長度が高くなっていた(6)。当時、日本ではコンピュータ用日本語の文字コードとして、いわゆるシフトJIS（JIS X0208のサブセット）が主流であったため、QRコードには、このシフトJISを効率良くエンコードする機能が搭載された。

技術者としての強い思い

開発プロジェクトのリーダーだった原は、ずば抜けた地頭や技能を持つ天才エンジニアだったというわけではない。むしろ誰もやりたがらない地道で手間のかかる作業に愚直に取り組む中から解決案を見出していく技術者だった。そんな出口の見えない課題であっても、無心に取り組めた秘密はどこにあったのか。

「私は、世の中にないものを生み出す仕事をしたい、世界標準になるものを作りたい、自社の名前が出る自社製品開発をしたいという強い気持ちを持ち続けていました。こうした思いだけは誰にも負けなかったということは言いたいですね」と原は言う。

原はさらに続けて言う。「親父を超えたいという気持ちもありましたね。カーボン抵抗で特許を取り、経営者だった父をいつか超えたいと思っていました。QRコードを開発したときは存命でしたが、二〇〇〇年に八〇歳で他界したため、今のようにQRコードが世界的に普及するところまでは見せることができませんでした。生きていたら、『よくやった、俺を超えたな』ときっと言ってくれるでしょう。親父を超えるという思いを実現できたことは、ずっと持ってきたいろいろな思いの中でやはり一番だったかもしれません。本当に嬉しいです」。

原は目を輝かせながらこのように語り、話を締めくくった。

第3章 標準化

——国内単一業界から国際多業界へ

デモ機を持って展示会へ

原昌宏が率いるプロジェクトチームによって開発されたＱＲコードだが、いくら優れたものであっても市場に受け入れられるとは限らないし、ましてや広く普及するとは限らない[1]。

原と営業の藤本直は、どのようにＱＲコードを販売促進するか、机を挟んで向き合い、腕を組み、頭をひねりながら、ああでもない、こうでもないと意見を出し合った。

そこから出てきたアイディアは、ＱＲコードを説明する資料を作り、デモ機を持って興味を持ってくれそうな企業や団体を訪問するというものだった。バーコードを超える容量の情報が格納されたコードが、ライン上を高速で動いていても正確に読み取れることをデモ機で示そうとしたのだ。

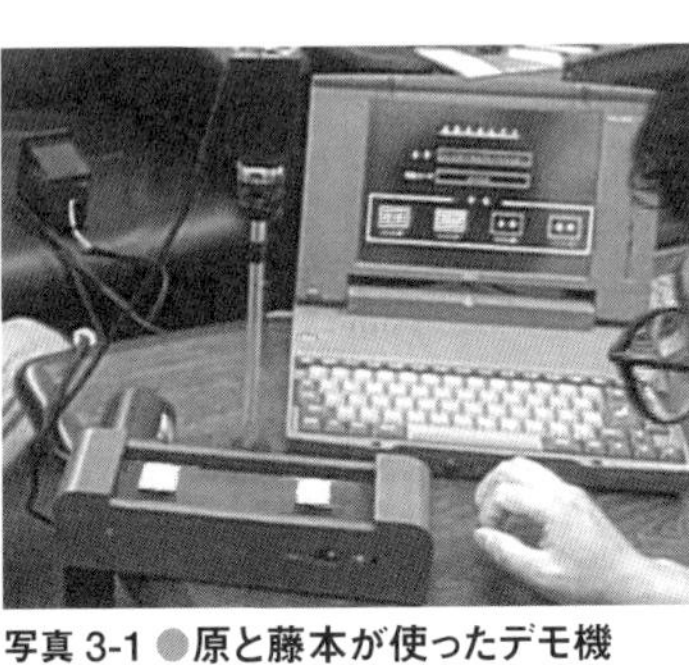

写真 3-1 ●原と藤本が使ったデモ機

出所：原昌宏

デモ機は持ち運びできるサイズで、つまみを回すと速度を調整できるベルトコンベヤ型だった。そこにＱＲコードを数個、貼り付けて低速回転から高速回転させたものまでをカメラで読ませるのだ（写真3‒1）。

コンベヤ上のＱＲコードを読むと、モニターの画面に「東京」「名古屋」「大阪」とコード化している情報が表示される。

ＱＲコードがいかに優れ物であるかを相手に示すには、十分なデモ機だった。名古屋の町工場で一カ月ほどかけて製作してもらい、市販のカメラを取り付けて、パソコンにコードを解読するソフトウェアを入れて読み取る装置で、ソフトの開発は渡部元秋が担当した。

デモ機が完成すると、まずは同じプロジェクトチームのメンバーだった渡部と豊田中央研究所の長屋隆之と内山祐司に見てもらった。実演を見た長屋と内山は「すごい」と心底驚いた。「ＱＲコードは、プロジェクトとして成功すると確信しました」と内山は語る。

原と藤本は、ＱＲコードを一九九四年に新聞発表し、デモ機を現在の自動認識総合展にあたるSCAN-TECH JAPAN展示会に出展し、そこでデンソーのメンバーと名刺交換した企業や業界団体を訪ね、相手の反応を見ることにした。ＱＲコードと読取試作機の説明を聞いてもらい、「見込みあり」の感触を得られれば、今度はＱＲコード専用の読取装置の開発に本格的に進むことができると考えたのだ。

展示会で、デモ機のベルトコンベヤを高速で回し、貼り付けたＱＲコードをカメラで読ませるのだが、高速読み取りの見事さに実演を見た者の多くは、「本当に読んでいるの？」と疑いの声が上がるほどだった。

「正真正銘、読んでいます」。得意げに原は言い、ベルトコンベヤに貼り付けたＱＲコードを入れ替え、モニターに映る文字が変わることを見学者に見せると、見学者から「おーっ」と声が上がった。展示会の発表は大成功だった。

ライバルの二次元コード

プロジェクトチームのメンバーは、QRコードの読取機を開発する前に一年間の調査期間を見込んでいたが、実際は一年足らずで始めることにした。展示会での反応が良かったという事情に加えて、もう一つ理由があった。実はメンバーは、ライバルであるアメリカ企業の動きが気になっていたのだ。二次元シンボルで市場開発していくには、先行するアメリカ企業との競争を意識せざるをえなかった。

デンソーがライバル視する二次元コードが三つあった。データマトリクス、マキシコード、PDF417だ。データマトリクスとマキシコードは一九八七年に、PDF417は一九八九年に事業化を開始していた。QRコードの事業化は一九九四年で、最長で七年の遅れがあった。

新製品の開発では、時に先進的業界がユーザーであるとき、ユーザー企業がメーカー企業に一般ユーザーの問題やニーズを先取りして教え、それがきっかけとなり、開発が進む場合がある。二次元シンボルは、まさにそのケースだった。

たとえば、二次元シンボルの開発で先行する企業が登場したアメリカでは、先進的ユーザー組織が存在した。一つは国防総省だ。一九九〇年代、一次元シンボルリーダーの市場規模はアメリカが日本の三倍以上あり、アメリカ市場の読取機はレーザー型が主流で、市場を牽引するのはシンボルテクノロジー社だった。同社はレーザー型を得意としたため、同リーダーで読めるスタック型二次元シンボルＰＤＦ４１７を開発した。

ちなみに、アメリカ市場に対して日本市場ではＣＣＤ型リーダーが主流で、同リーダーを得意とするデンソーが市場を牽引していた。このデンソーが、同リーダーで読める二次元シンボルＱＲコードを開発したのは自然の流れだった。

ＰＤＦ４１７は、国防総省の近代化プロジェクトからの要望に対応する形で開発が始まったといわれている。実際、ＰＤＦ４１７は一九八九年に開発され、その直後から大容量データファイルとして、受発注の電子データ交換用データの格納や、カード型データキャリアとして、国防総省を含むアメリカ政府に採用されていた。

データマトリクスも、国防総省の近代化プロジェクトからの要望に対応する形で開発されたといわれている。データマトリクスについては半導体など、コード自体の小型化が必要な電子機器業界で採用されていた。そして、マキシコードについては、世界的物流企業であるＵＰＳで、高速読み取り用として採用されていた。

デンソーが一九九二年にＱＲコードの開発に着手した当時、二次元コードは、一九八二年にアメリカでＶＥＲＩコードというコードが最初に開発されてから一〇年が経っていた。コードの発明企業は、当初はコードに関する特許権を行使し、使用料を利用者から徴収する立場を取り、二次元コードの普及は進んでいなかった。

自動認識業界での標準化

デンソーがライバル視するコードの動向を気にするようになったのは、コードの発明企業が特許の権利行使に関する立場を転換し始めたからだった。コードがなかなか普及しない事態を打開するため、二次元シンボルのライバル企業は、コードに関する特許の権利行使をせず、コードの標準化を進めるという方針を取り始めたのだ。

一次元シンボルの普及の歴史を振り返ってみると、確かに「標準化」[2]が非常に重要な役割を演じていた。シンボルの標準化は、大きく四つの点から見ることができる。

第一に、シンボルそのもの（仕様）についての標準化、第二に、シンボルに関連する読取性能と印刷性能についての標準化、第三に、シンボルを使用したアプリケーションの業界標準化、そして第四に、シンボルを使用したアプリケーションの国際標準化だ。

本章を読み進めるにあたって、標準化の話はやや複雑になっていくので、遠回りになるが、ここで標準化と本章の展開について、もう少し整理し説明しておこう。読み進めるうちに話の筋を見失ったり、頭が混乱してしまったとしても心配は無用だ。以下で整理している内容を確認したうえで、再び読み進めてもらっても構わないし、興味が湧かなければ、ここに説明していることだけを確認して次章に進んでもらっても、本書の理解に差し支えはない。

まず、ＱＲコードやバーコードを含むシンボルそのものの仕様と読み取り・印刷性能に関する標準化は、自動認識業界での標準化の話になる。どのような特徴を持つものをQRコードとするか、同コードを読み取ったり印刷するとき、少なくともどういう品質でなければならないか、という基準を対象とする場合だ。

次に、自動車業界や電機業界、流通業界といった「業界」単位でコードの仕様や読み取り・印刷の品質の標準化を考える場合は、「業界」標準化の話だ。

最後に、たとえば自動車業界といった特定業界に限定した中で、日本やアメリカ、中国といった国をまたがる標準化を考える場合は、国際標準化の話ということになる。

このように標準化は、業界と国の二軸からなり、ある国における業界内の標準化は当該国の業界団体あるいは自動認識工業会が扱い、業界横断的な標準化は当該国の自動認識工業会が扱う。また業界横断的で、かつ国横断的な標準化になると、該当国の自動認識工業会と国際自動認識工業会、および該当国の産業標準機構（調査会）と国際標準化機構（ＩＳＯ）が取り扱う。ここではこれらの点が理解できれば十分だ。

以下で紹介するように、業界と国の二軸からなる標準化で、デンソーは自動車「業界」での標準化を推進し、それを基軸に日本からアメリカ、その他の諸国といった「国際」標準化をめざしたといってよい。自動車業界を基軸としながら、他のいくつかの業界で標準の地位を獲得し、それを海外に向けて展開するストーリーだ。

後述するように、自動認識の国際標準を対象にしていたのは、一九九〇年代前半までＡＩＭ

インターナショナル（Automatic Identification Manufacturers International、わかりやすくするため、以下では国際自動認識工業会とする）だけだった。そのため、国際自動認識工業会で標準化することがデンソーの最終目標となるはずだった。

しかし、事情が変わる。一九九六年にISOと国際電気標準会議（IEC）が共同で一次元／二次元シンボルの国際標準化を行う「自動認識およびデータ取得技術委員会（SC31）」を設立し、競合の二次元シンボルがそこでの標準化をめざしたため、デンソーも追随せざるをえなくなるのだ。

その結果、デンソーの最終目標は、国際自動認識工業会で標準化したうえで、さらにISO／IEC（SC31）で標準化を実現するということになる。デンソーは「日本」の「自動車業界」での標準化から始まる「他業界」と「他国」、二方向への標準化を、多様な政治的打ち手を巨額の予算を使いながら繰り出し、最終的にISO／IECでの標準化を実現していく。その過程を紹介するというのが、本章のプランだ（図3-1）。

ここまでを押さえてもらったところで、話を元に戻そう。前述したように、一九九〇年代初頭まで自動認識にかかわる唯一の国際的業界団体は国際自動認識工業会で、一次元と二次元のシンボルの業界団体として活動していた。当時の自動認識市場の特徴は、以下の三点だった。[3]

第一に、企業内市場と企業グループ市場で使用するデータキャリア（一次元シンボル、二次元

図3-1 ●業界、国家の広がりと標準化組織との対応関係

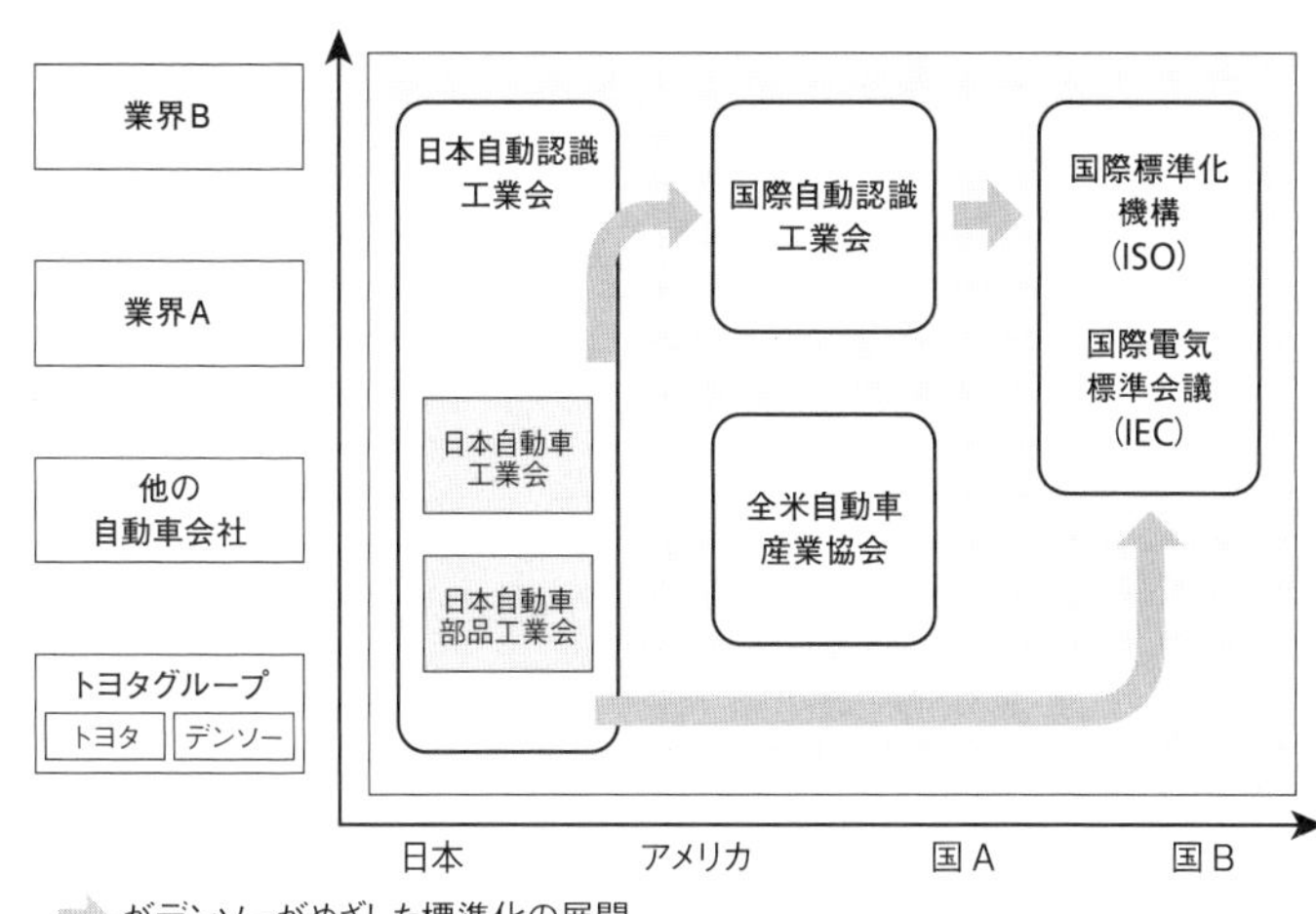

シンボル）が業界標準化されていれば市場形成ができた。

第二に、自動認識市場の拡大は各業界標準の成立に負うところが大きかった。

第三に、自動認識業界は各業界標準間の調整機能の役割を期待されていた。

一九七三年、共通雑貨商品コード評議会ＵＧＰＣＣ（Uniform Grocery Product Code Council）は一九七一年六月にＩＢＭが発表したデルタ・ディスタンス・コードをもとにした共通商品コードＵＰＣ（Uniform Products Code）を全米七団体に対して標準化した。団体には、たとえば、全米スーパーマーケット協会や全米コンビニエンスストア協会が含まれていた。

Delta Distance Codeの特許権を持つＩＢＭは、「特許は保有するが、特許の権利行使はし

ない」とのパブリックドメイン宣言をし、コードの自由な利用に対して保証を与えた。

その後、ＵＰＣは広く利用されるようになり、ＩＢＭの立場は市場から高く評価されることになる。その後、一次元シンボル利用については、一般的に同社の考え方が現在まで引き継がれることになる。

パブリックドメイン宣言と市場での普及

こうした傾向を見て取り、二次元シンボルについてデンソーより先行していたライバルの発明企業は、市場での二次元コードの普及が停滞していたことを打破するため、方針を転換し、ＩＢＭと同様のスタンスを取るようになった。

アメリカのライバル企業は、自社が開発した二次元シンボルについてパブリックドメイン宣言をし、米国自動認識工業会やいくつかの業界団体の標準として採用され、着々と標準化を進めていく方向に舵を切り始めたのだ。

パブリックドメイン宣言と標準化は、二次元シンボルで市場の覇権を握るための最低条件になろうとしていた。デンソーにとって競合コードと同様に、標準化を推進することは全く違和感がなかった。バーコードでの経験を通してパブリックドメイン宣言と標準化の有用性を肌で知っていたからだ。自社開発したＮＤコードは、特許を取得したうえでその利用については権利行使する立場を取ったため、自動車業界を超えて普及するところまではいかなかった。

それに対して、特許が切れて多くの人や組織が無料で利用できるようになっているJAN（Japanese Article Number）規格のバーコードは、多様な業界に広く普及した。

原の上司で、開発チームの責任者だった野尻忠雄は、アメリカ企業が二次元シンボルで先行しているのに市場がなかなか大きくならないのは、先行企業がコードに関する特許の権利を主張して使用料を取ろうとしていたからだと解釈していた。

そのため、先行するライバル企業が、QRコードの開発が終わるちょうど同じ頃に特許の権利を主張せずに標準化する方針に転換したことは、デンソーにとってプラスに働くと考えていた。

市場に広く普及するには、特許の権利行使を工夫して、無料で開放する部分を作ることが鍵になる。プロジェクトメンバーも、そう考えていた。特許を開示して権利行使しないことを宣言することで、多くの企業やユーザーが参加し、多様な周辺技術や用途が生まれ、市場そのものが拡大するのではと期待したのだ。

当時、デンソーウェーブの自動認識事業部主幹だった髙井弘光はインタビューで語っている。(4)

「（QRコードのライセンスで儲けるべきとの見方もあるだろうが）デンソーのトップがそういう考えではなくて、広く使ってもらうということで普及させろと、デンソーというかわれわれは、読み取る機械とか、コードを作るソフトで商売というか、事業を拡大しましょうという考えでした。（中略）そこはわりと早くポリシーが決まってしまってですね。もうオープンにするものだとわれわれは思って活動しましたので。（中略）われわれ、パテントのビジネスというのはあまり得意ではない、得意ではないというのはおかしいのですが、そういうコードの知的所有権で商売するということは、あまり先が見えなかったというところはあるのです」

「もしわれわれが特許権を行使してQRコードを独占していたら、現在のような状況は生まれなかったでしょう」と、QRコードの開発を担った原も語る。

ケンタッキー工場での教訓

野尻は、QRコードが開発される前から二次元バーコードを生産現場に導入する必要性を感じていた。ただし二次元コードを導入する場合、コードは業界的にも国際的にも標準化されたものでなければ普及は難しい。

NDコードが特許権を行使する立場を取ったことでトヨタグループ外に普及しなかったことに加えて、コードの普及には国際標準化も重要な役割を演じることに野尻は気づいていた。実は、一九八六年にアメリカに設立されたトヨタのケンタッキー工場でも、トヨタグループの

「かんばん」方式で使用していたＮＤコードを採用してもらおうとしたが、うまくいかなかったのだ。

ＮＤコードは日本、しかもトヨタグループ内でだけ使われているものだったため、ケンタッキー工場側の関係者は、見たこともないものに対して拒否反応を示した。そもそもアメリカの取引先がコードを印刷するといっても、印刷ソフトを関係する取引先の工場のプリンターにインストールしなくてはならない。そのための作業だけでも面倒だ。わざわざこのコードのためだけに、そうしたさまざまな手間をかけるのかといった反応だった。

そこでケンタッキー工場では、日本とアメリカで一般的に使用されていたコード39をもとに、全米自動車産業協会（ＡＩＡＧ）で使用していたＡＩＡＧラベルを使うことになったのである（コード39は、第2章の図2‐1参照）。

このとき、野尻は世界レベルで自動車事業を行うには、コードは世界的に標準化されたものでないといけないのだと学んだ。

標準化請負人

ケンタッキー工場へのコード39の導入を苦々しく感じていた人物が、デンソーにもう一人いた。一次元コードのときから日本電子工業振興協会での標準化に関する委員会にデンソー代表として参加していた柴田彰だ。

柴田は、一九四七年に愛知県碧海郡で生まれ、大阪工業大学で電子工学を学んだ後、一九七一年にデンソーに入社した。地元に就職してもらうため、親が柴田に相談せず、デンソーに履歴書を送り、採用されることになったという逸話を持つ。

電子部に配属された柴田は、自動車部品の製品開発や設計に従事していたが、一九八三年から非自動車事業の応用機器技術部に異動し、一九九一年四月から日本電子工業振興協会でバーコードの標準化に関する研究会や委員会に参加するようになり、一九九二年から（一九九五年三月まで）、バーコード技術標準化専門委員会の委員長の任にあった。

「コードの普及には標準化が鍵だ。世界標準にしていなかったことが、アメリカの工場や他の国の工場への電子かんばん（NDコードのこと）の導入に障害となったんだ。QRコードの開発に豊田中央研究所がかかわったということは、トヨタグループへの導入は既定路線のはず。問題は、日本以外のトヨタグループの工場にも導入できるかどうかということだ。そのためには、世界標準化は避けて通ることはできない」

柴田はそう考えていた。彼が一次元シンボルであるバーコードの標準化にかかわる研究会や委員会に一九九一年から参加していたことで、デンソーはコードの標準化に対して先行するアメリカ企業と同じ出発点に立っていた。

彼はバーコード事業に関連して、一次元シンボルの標準化活動、自動認識業界や自動車業界の集まりにすでに参加し、主要メンバーになっており、「土地勘」があった。デンソーが二次元コードの標準化にかかわる活動をしても、それが全くの新規の活動になるということにはならなかった。

読取機の開発

もしアメリカのライバル企業が自社開発コードを普及させて国際標準にしてしまったら、参入計画も頓挫してしまうかもしれない。実際に二次元コードをめぐる状況は、刻々と変化していて、市場調査に一年もかけるほどの余裕はないのではないか、とデンソーは切迫感を持つようになっていた。それよりも、早くＱＲコードの読取機を開発し、自分たちもアメリカ企業に遅れず、標準化を進めていくのが得策だと考え始めていた。

本章の冒頭で紹介したＱＲコードの実演を行った展示会で興味を示した相手先でのＱＲコードの説明に対して、訪問先の反応は好意的なものが多かった。「よし、いける」と確かな手応えを感じた原を含むデンソーの開発メンバーは、このタイミングを逃さないように、読取機の開発に本格的に着手した。

写真 3-2 ● QRコードリーダーの初号機

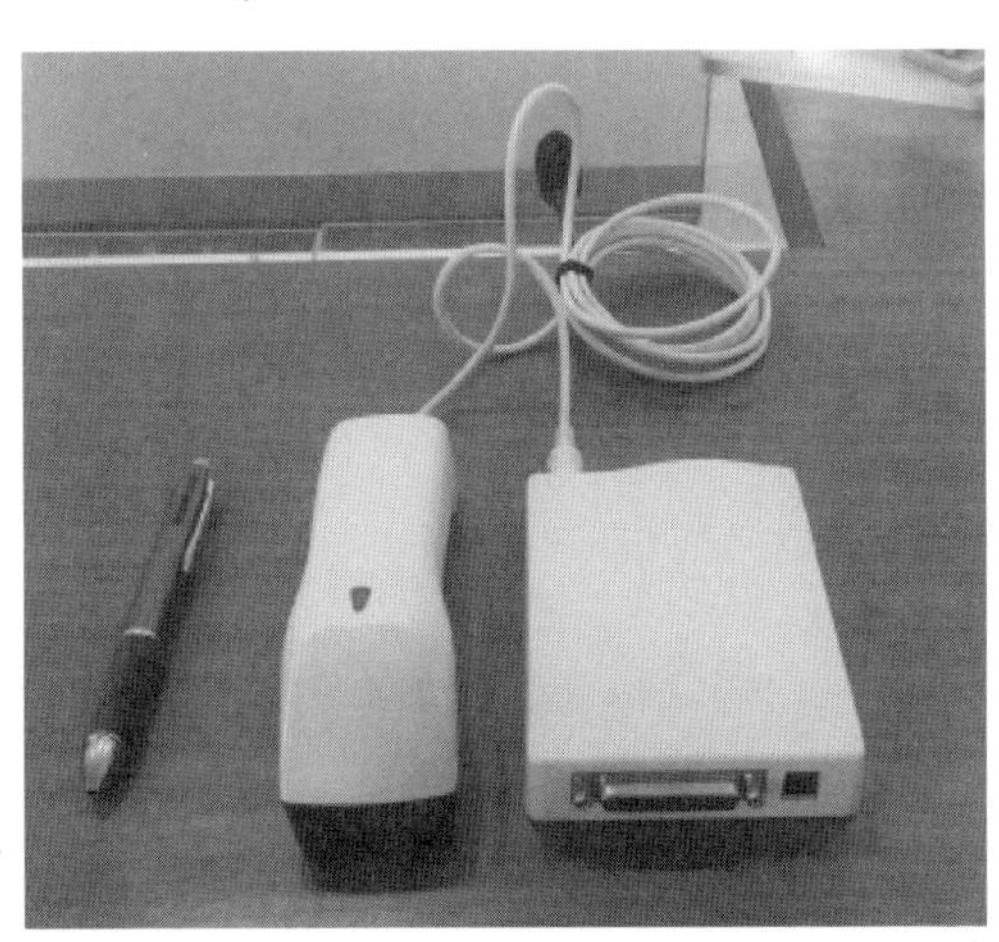

出所：原昌宏

実は、QRコードは読み取り時間の目標を〇・〇三秒（三〇ミリ秒）にしていた。開発の結果、誤り訂正を使わない場合は目標を達成したのだが、誤りを訂正した場合には目標を達成することができなかった。

また、既存のICで回路を設計すると、基板の大きさがA3判ほどになってしまったので、日本電気（NEC）の協力を得て、ゲートアレイ（半導体）から専用のLSIを設計し、開発することにした。

形状はカメラ、スキャナー、ペンタイプ用の三種類を揃えた。現場の使用に堪えるように、たとえば、段ボールに貼り付け、コンベヤ上を高速で動かしてみて、読み込めるか試したり、汚れたコードを混入させてみて、読み取り精度を確認したりしてテストを重ねた。さらに、一九九五年に試作機を社内の業務課で試験使用して改善を加えていった。その努力の成果が、一九九六年に発表されたQRコード用ハンドスキャナー「QS10」シリーズだった（写真3-2）。

標準化をにらんだ利用者の開拓

リーダーの開発と並行して二次元コードの売り先を考え、業界単位での標準化を進めなくてはならない。二次元コードの利用者の候補はアメリカと同様に、一次元シンボルの利用者だったが、一九九六年当時、日本で一次元シンボルの採用業界で二次元シンボルのユーザーになる可能性が高い業界は三つあった。世界的にバーコードのような一次元シンボルを使用していた自動車業界、電子機械業界、流通業界だ。

これら三つの業界は、受発注に電子データ交換（ＥＤＩ：Electrical Data Interchange）を導入し、一次元シンボルを取引する製品に添付して業務を効率化していた。一次元シンボルを使用し、業務の効率化を図っていた業界は、電子データ利用の先駆者で、一次元シンボルの限界に他業界より先んじて直面している可能性が高かった。

三つの業界の中で二次元シンボルを必要とする問題に最も早く直面しているのが、日本の自動車業界、特にデンソーとトヨタグループだとＱＲコードの開発プロジェクトチームは考えていた。ＱＲコード開発の発端は、自社工場からの要請であったし、豊田中央研究所に開発に参加してもらったのは、トヨタグループでの採用を円滑に進めるためでもあった。

ＱＲコードの標準化に尽力した柴田は、次のように語る。「結局はトヨタグループで使ってもらえばそれでよいのです。ただし、日本以外の国でも使ってもらわないといけない。だから、他の自動車メーカーにも働きかけて、自動車業界としてＱＲコードを標準化し、それをベースに国際標準化を実現しないといけないと考えたわけです」

ＱＲコードの自社工場への導入

ＱＲコードと読取機の開発を完成させたデンソーは、標準化と市場での普及を推進するために、ＱＲコードをまずは同社の工場に導入し、実績を積みながら同社の母体となるトヨタグループへと採用範囲を拡大する道を選んだ。

ＱＲコードの読取機を完成させたプロジェクトチームは、まずデンソーの自社工場へのＱＲコード導入を進めていった。ＱＲコードをどのように使うかはアイディア勝負だ。当時、デンソーの情報企画部長だった永井登は、利用者が自社でも使えそうと思ってもらえる事例をいくつも作ることが先決だと考え、デンソーの各製造部に説明会とアイディア募集を行った。

そこで得た数十件のアイディアを採用し、デンソーの予算で部品発注から受け入れ、製品生産、入出庫、出荷まで、それまでＮＤコードで稼働していた安城市高棚町のメーター工場をＱＲコードで一気通貫で管理できるように置き換え、モデル工場へと変えていった。

結果は大成功だった。毎月さまざまな業界から約四〇件の見学申込みが来るようになったのだ。デンソーはこの高棚町の工場を手始めに、社内でのＱＲコードの利用実績を蓄積していった。かんばんを電子化する「ｅかんばん」システムにＱＲコードを組み込んだ仕組みについても、まず幸田工場から導入を開始し、検証作業を進めていった。

三現主義 vs. eかんばん

デンソーでの検証結果が出揃うと、いよいよ満を持してトヨタ自動車への導入へと進むことになった。

しかし、順調には進まなかった。標準化を見越しながら自社を出発点としてトヨタグループを軸に採用範囲の拡大を図ろうと考えたデンソーだが、残念ながら、トヨタ自動車の中にＱＲコードに対して好意的ではない部署が存在していた。生産管理関連の部署だ。

同部署は、トヨタ生産方式の総本山的存在であり、紙ベースの「かんばん」こそトヨタ生産方式を円滑に機能させる中心要素なのだという信念を持っていた。かんばん方式では「かんばん」が物理的に人の手を介して移動することが前提であり、現場・現物・現実の三現主義のトヨタ自動車にとって、そのことは生産システムの根幹をなすものだと考えていた。そのため、同部署では、ｅかんばんシステムの導入に慎重論があった[5]。

デンソーの営業部隊が、トヨタ自動車の生産管理部にＱＲコードと読取機を持っていったときの反応は次のようなものだった。「デンソーの作った二次元コードは使えない。以前のＮＤ

コードも結局、トヨタ以外は採用していないではないか。もっとトヨタグループ以外のトップメーカーが使うようになったら検討してあげる」というものだ。

この難攻不落の集団をどのように翻意させればよいか。ＱＲコードの普及に取り組んでいたメンバーは、重い気持ちになった。

光明が見えてきたのは、トヨタ自動車の中にもＱＲコードの導入に好意的な部署があることがわかってきたときだった。トヨタ自動車には生産管理部のようなＱＲコードに否定的な部署もあったが、他方で積極的な推進論もあったのだ。それは、物流管理を担当する部署だった。同部署ではＱＲコード採用による情報管理の強化が歓迎された。

理由は二つあった。一つ目は、既存のバーコード方式の「かんばん」で記載しきれなかったものがデジタル形式で記録できるようになるからだ。製造年月日、取引店舗の品番といったそれまで手書きに頼っていた情報が、ＱＲコードの導入でデジタル記録できるようになる。

二つ目の理由は、それまでＯＣＲで対応していた取引伝票が、ＱＲコードによってデジタル情報化が容易になった。実は、取引伝票の記載情報の中にはＯＣＲで読み取れないものが少なくなかったし、伝票を物理的に移動させる途中で、汚れたり破れたりすることが少なくなかったのである。そうなると、伝票の内容を目で確認して手入力することになり、事務作業員の負担を大きくしていたのだ。ＱＲコードの導入で、そうした心配が小さくなる。

柴田は説明する。

「トヨタ自動車は大きな会社です。同じトヨタでも、ＱＲコードに対して拒否反応を示す部署もあれば、効率化の手段となる、と積極的に導入しようと考える部署もあったということだと思います。

前者が、大野耐一さんから『かんばん方式』について直接に薫陶を受けた生産管理関連の部署で、後者がこれまでのやり方にこだわりを持たない情報関連（物流管理）部署だったということだと思います。デンソーのＱＲコードをトヨタに導入しようとした部隊は、最初、前者の生産管理関連の部署に接触してしまっていたということだと思います」

ＱＲコードの導入に対する物流管理の部署からの支持は、デンソーにとって非常にありがたかった。物流管理の部署は、デンソーがトヨタ自動車に対してＱＲコードの導入を進める有力な後ろ盾となることになる。

以上のように、トヨタ自動車内でのＱＲコードに対する温度差はあったが、ＱＲコード導入の長所とデンソー側からの積極的提案の努力が、トヨタ自動車へのＱＲコードの導入を可能にしていった。ＱＲコードを構成要素とするｅかんばんシステムは、九州や北海道で試験導入され評価された後、トヨタ自動車の本拠地である東海地区に「ＴＯＰＰＳ（Toyota Parts Procurement System）：トヨタ電送かんばん（e-Kanban）」という名称で展開され、採用が広がっていった。

自動車業界での地道な活動

前述のとおり、ＱＲコードに対するトヨタ自動車の一部の反応は当初、芳しいものではなく、同社の工場へのＱＲコードの導入は、ゆっくりとした速度でしか進まなかった(6)。

そこで、デンソーのＱＲコード導入推進チームは、トヨタグループに対するアプローチと並行して、同グループ以外の国内の自動車業界全体にＱＲコードの有用性を認めてもらい、業界から標準コードの認定を受け、自動車業界での一層の普及を図ることに注力し、突破口を探ることにした。

ＱＲコードの採用を国内の自動車業界に働きかけるには、タイミングとしては最高だった。ＱＲコードは当初、トヨタグループのかんばんへの用途を想定したが、国際標準化の段階で国際的ニーズを要求された。

このとき、タイミング良く日本自動車工業会（以下、自工会）と日本自動車部品工業会（以下、自部工会）で標準ＥＤＩと、それに付随した帳票類の標準化が始まったおかげで、ＱＲコードを自工会と自部工会の標準コードとすることができたのだ。

日本の自動車業界では、一九九五年頃から自工会と自部工会が共同で受発注デジタル情報の標準化を開始し、一九九六年頃から受発注デジタル情報の標準化に関連した取引帳票の標準化を開始していた。

その頃までは、各自動車（トラックや二輪車含む）メーカー用の帳票や伝票は各社まちまちで、二〇畳ほどの部屋にも入りきらないほどの種類が存在していた。具体的には、自工会と自部工会の一次サプライヤーとの間の受発注は、すでに独自のＥＤＩで行われていて、納品確認用には現品票や「かんばん」が用いられていた。現品票は日産、ホンダ、マツダなどが、「かんばん」はトヨタ、ダイハツ、日野、スズキ、スバルといったトヨタ関連企業が使っていた。

また、自工会と自部工会の二次（三次）サプライヤーとの間では、一般的に紙の伝票類が使われていた。これでは部品メーカーが管理するのが大変だということで、自部工会の中で要望をまとめて自工会に帳票の標準化を提案し、数年かけて現品票、かんばん、納品書／受領書の三種類の帳票への標準化を進めていた。

こうした状況を見て、藤本直を中心とするＱＲコードの営業部隊は、自動車業界全体へのアプローチを考えた。取引帳票の標準化の一つとしてＱＲコードの採用を考えてもらおうとしたのだ。

一九九八年には自部工会電子情報化委員会が設置され、その下部組織であるＥＤＩ部会と、自工会電子情報委員会の下部組織であるビジネスシステム部会が連携して活動を本格化した。

デンソーがめざすＱＲコードの標準化、採用の推進に対して、トヨタ自動車は協力的だった。自工会の委員会、部会はトヨタ自動車が、自部工会の委員会、部会はデンソーがそれぞれ担当し、連絡を密に行ってくれた。柴田はこうした事情について、次のように話す。

「委員会に積極的に参加し、委員長役を担い、自社のためでなく他社のためにも努力を惜しまないことで、いざというときに自社がどうしても実現したいことを進めることを他社が認めてくれるようになるのです」

最低三種類の帳票が必要とわかっていても、帳票デザインやフォーマットといった帳票に入れたい項目が各社で異なるため、項目と印字部分といったものを決めるためにかなりの時間がかかった。

その中で、バーコードでは目視文字が小さくなるため、情報コードを小さくするといった試行錯誤があり、結果として、QRコードの良さが認められることになる。

もちろん、QRコードの利用実績がほとんどない状態だったので、自動車業界に採用して本当に大丈夫なのかといった声は根強かった。こうした動きに合わせて、デンソー営業の藤本たちは一九九八年から本格化したEDI標準化に合わせた形で、自動車メーカー各社に先述のデンソーの高棚町にあるモデル工場を見学してもらうことで実態を知ってもらい、各社に採用を検討してもらい、採用数を増やすことをめざした。この試みが奏功し、採用を決める企業が増えていった。

しかし、そこまでいっても標準化が簡単に決まったわけではなかった。自工会や自部工会の委員会メンバーからは「海外の自動車業界はどうなっているのか」「日本だけが変なコードを採用することはできない」といった意見が出てきた。

自動車業界の活動は、日本国内にとどまるものではない。だとすれば、QRコードの仕組みが生産性向上に役立つとしても、同コードを日本以外で利用できなければ、かえって不便だということになる。実際に、QRコードが普及し始めると、「日本以外でもQRコードを使えるようにしてほしい」との要望が自動車業界内から出てくることになる。

国際的な生産活動を展開する企業からすれば、世界標準コードでなければ、実用化には適さないということなのだ。もちろん、こうした動きは、国内営業の藤本にとっては新たな課題に見えるものだったが、標準化という切り口で仕事に臨んでいた柴田からすれば、想定内のことだった。

最大の難所・北米に挑む

QRコードの国際化に対する自動車各メーカーの不安を払拭し、希望に応えるためQRコード標準化のプロジェクトチームは、アメリカのケンタッキー工場に対するかんばんシステム導入の仕事を終えて帰国した産業機器技術部一部係長格の辻本有伺に白羽の矢を立てた。全米自動車産業協会に働きかけをしてもらうよう頼んだのだ。

辻本は、柴田の指示を受けて、日本に帰ってきた一九九六年から柴田と連携しながら後述する国際自動認識工業会での標準化活動と並行して、毎月の出張でアメリカの全米自動車産業協会に出向き、標準化に向けた活動を行うことになる。辻本はこれ以降、国際自動認識工業会、ＩＳＯ、全米自動車産業協会など、アメリカや国際的な標準化の実務を担うことになる。

先にも述べたように、デンソーでは世界的に展開している企業からの要望もあり、ＱＲコードは国内だけでなく、海外での地位を獲得することをめざした。まず、自動車業界からではあったが、北米で標準として認められることをめざした。

特に、国際での二次元コードの標準化を考える場合、北米は重要な拠点だった。北米活動が重要だった理由は二つだ。ＱＲコードの事業展開を推進するためと、もう一つが、後述するＩＳＯ／ＩＥＣのＳＣ31での国際標準化におけるアメリカとカナダの反対を阻止するためだ。

しかし、全米自動車産業協会に対して、ＱＲコードの業界標準化に取り組んだ辻本は、「最も標準化が難しかったのは、アメリカの自動車産業協会だった」と述懐する。全米自動車産業協会では、アメリカ企業が発明し、デンソーがライバル視していた三つの二次元コードをすでに採用していたからだ。

全米自動車産業協会では、一九九五年九月一日に２Ｄシンボロジー・ホワイトペーパー（Ｂ−13）という米国自動車業界で二次元シンボルを利用する際のガイドラインが出ていたが、その中で使用の際のアプリケーションに関するカテゴリーを三つに分類し、それぞれに推奨二次元シンボルを割り当てていた。

具体的には、部品マーキングと追跡（Part Marking and Tracking）にはデータマトリクス、一般的使用（General Application）にはＰＤＦ４１７、高速読み取り（Freight Sortation and Tracking）にはマキシコードを推奨していた。

柴田をリーダーとするデンソーのＱＲコードチームの中の標準化推進チームは、ＱＲコードを世界的に普及させるためには、二次元シンボル先進地域の北米における各業界への啓蒙活動と、全米自動車産業協会などでの業界標準の取得が不可欠だと考えていた。アメリカは先行する二次元コードの拠点だったため、自動車業界ではすでに業界標準となっていて、コードの国際標準化を目標とするデンソーＱＲコードチームにとって最大の難所となった。そうした状況を柴田は、次のように説明している。

「ＱＲコードは元々は豊田中央研究所がかかわっているのですから、トヨタは使うのです。ただし、『海外は別』となってしまうのが大問題なのです。電子かんばん（ＮＤコード）は、アメリカではコード39といった他のコードが使われるようになってしまっていました。

ＱＲコードを使うのは、トヨタグループだけであってもよいのです。ただし、世界のどの国でもトヨタグループならＱＲコードを使っている。そういう状態にしないといけない。そのための国際標準化なのです。だから、標準化にかかわる委員会では自動車工業会でも自動車部品工業会でも委員長を務める。トヨタやデンソーがやると言ったらやる、そういう状況に絶えずしておかないといけないし、そうなっていたのです。

私はそう思って標準化に関する委員長を務めてきました。ＡＩＭＪ（Automatic Identification Manufacturers Japan：以下、日本自動認識工業会）や国際自動認識工業会（先述のように、Automatic Identification Manufacturers International のこと）、ＪＩＳ（Japanese Industrial Standards：日本工業規格）の調査会でもＱＲコードだけをやっているわけではない、自社の利害とは関係ない案件についても一生懸命、委員（長）や代表者として取り組む。有事の際に自分たちが本当にやりたいことを通させてもらうには、平時にしっかりと他の人たちの利害も考えて行動しておくことが非常に重要なのです。

ただし、そんな努力が通用しない国があったのです。それがアメリカです。だから、全米自動車産業協会でもＩＳＯ／ＩＥＣでも、標準を勝ち取るためにやれることは、すべてやっていかなくてはならなかったのです」

ちなみに全米自動車産業協会は、一九八二年に設立された北米自動車業界における生産性向上のための各種標準化活動などに取り組む会員企業数約六〇〇社の非営利団体だ。全米自動車産業協会に対するＱＲコードの普及・啓蒙活動は、デンソーの現地法人が直接担当した。デンソーでは先述のように日本の高棚工場をＱＲコードの導入モデル工場としていたので、辻本は全米自動車産業協会でも紹介に努めた。

全米自動車産業協会の標準化では、辻本はシンボロジー・ワーキンググループでの月例活動参画と標準化推進のロビー活動を行い、自工会を窓口に、トヨタ、日産、ホンダにサポートを要請した。

日本の自動車業界からQRコードを世界中で使えるようにという要望があり、QRコードのISO／IECでの標準化と並行して、一九九八年に全米自動車産業協会にQRコードをアプリケーションの標準コードとして採用するように要求書を出した。

事前の準備として、デンソー本社と北米拠点でのQRコードの利用状況を全米自動車産業協会のメンバー企業に伝えて導入を促し、導入のめどが立ったところで全米自動車産業協会に標準化の要求書を提出して、審議を依頼した。

コンサルタントの活用と粘り強い説明

委員会活動はコンサルタントを前面に立てた。二次元コードの先行企業がアメリカ企業であり、委員会の中心がアメリカになるため、アメリカが最重要国になる。

そう考えた柴田は、アメリカ向けのコンサルタント契約に要する費用として、月に数十万円の予算を準備した。カネの工面は柴田が行い、決算を承認したのは、当時の副会長だった太田和宏だった。なぜ太田が柴田の予算確保を支援したのかについては後で説明することにしよう。

最終的にアメリカについては、QED systemsという会社と契約した。同社の共同経営者（夫婦）の妻であるマーシャ・ハーモンが全米自動車産業協会のシンボロジー・コミッティーの委員をしており、夫のクレイグ・ハーモンは国際標準化機構についてコンサルタント業務を行った。契約へのきっかけを作ったのは、アメリカで現地社員として柴田の活動を辻本とともにサポートしていた森幸示だった。

マーシャ・ハーモンからは、全米自動車産業協会を説得するために、全米自動車産業協会にとってQRコードを認める見返りになる次の二点を行うことが重要だとアドバイスを受けた。

第一に、デンソーが全米自動車産業協会（および、デンソーが標準コードの採用を要求しているカテゴリーの標準化に関する委員会と団体）をサポートする証明をすること、第二に、北米の日系自動車企業が同様のサポートをする証明をすることだ。

デンソーはトヨタ、日産、ホンダに支援を要請し、日系自動車メーカーに全米自動車産業協会の活動に積極的に参画してもらうことで対応しようとした。

全米自動車産業協会での標準化で、デンソーの代表として辻本は、以下のことを粘り強く説明し、理解を求めた。

まず、QRコードが既存の三種類のライバルコードがそれぞれ持っている長所を併せ持つコードであること、アメリカでの毎月開催の全米自動車産業協会委員会でアメリカの日系自動車関連企業でQRコードが使われ始めていること、アメリカを含む国際標準を決める国際標準化機構でもQRコードの標準化作業を開始していて、国際的に認められたコードであることだ。

また、審議中に委員からライバルコードであるデータマトリクスと比較したQRコードの技術優位について、疑問視されることが何度もあった。そこで、QRコードが総合的にデータマトリクスより優位に立つことを示すため、第三者研究機関としてアメリカの大学に性能試験を依頼した。

具体的には、ピッツバーグ大学のAutomatic Data Collection Laboratoryから性能調査報告書を提出してもらい、疑問を解消した。同大学に依頼したのは、全米自動車産業協会の性能試験で同大学が利用されることが多かったからだ。

以上のような努力が実り、二〇〇〇年、QRコードはデンソーが申請したカテゴリー（部品マーキングと追跡）で全米自動車産業協会の標準シンボルとして追加承認された（その後、部品特定と追跡アプリケーションでも、標準として追加で認められることになる）。

ちなみに、全米自動車産業協会での標準化では、自工会や自部工会からQRコードを標準シンボルとするように要請する手紙を出してもらったり、最後のプレゼンテーション時に自工会として出席してもらったりして、支援を得たことが大きく影響した。

その後、アメリカ、ヨーロッパ、日本の自動車業界が共同で、グローバル輸送ラベル規格を作ることになったとき、規格にQRコードが採用された。

辻本が語ったように、北米自動車業界での標準化は容易ではなかった。標準化に要した時間は、事前の調査や準備を含め全米自動車産業協会から標準化が認められる二〇〇〇年一一月までの四年に及ぶものになった。

日本の自動車業界での標準採用

ＱＲコードの営業部隊の努力と、辻本を含むデンソー現地法人の支援活動、日系自動車会社からの協力もあり、米国自動車業界でＱＲコードは標準として認められる方向で進んでいた。

そうした動きを確認しながら、日本の自動車メーカー各社はＥＤＩ帳票用にＱＲコードを採用することに意見の一致を見るようになっていった。その結果、ＱＲコードは一九九九年に自工会と自部工会のＥＤＩ帳票用に標準採用された。同年九月に自工会―自部工会標準帳票ガイドラインが発行され、ガイドラインにはＱＲコードが標準二次元シンボルとして採用されることになる。

日本国内でトヨタグループを超えた自動車業界での標準化に成功したのだ。ちなみに、その後、二〇〇一年には国際標準ＥＤＩガイドラインが制定され、そこでもＱＲコードは、標準二次元シンボルとして採用されることになる。

最終目標の変更

日本国内とアメリカの自動車業界の話から自動認識業界での国際標準化の話をするために、時計の針を少し戻すことにしよう。ＱＲコードは、先行するアメリカ企業に後れを取らないよう、自動車業界と国際の両方でほぼ同時に標準化を進めていかざるをえない状況だった。デンソーがライバルと考えていたコードは、すでにいくつかの業界標準として認められ、標準化を進めていたからだ。

前述したように、デンソーが日本国内の自動車業界と自動認識業界で標準と認められた一九九六年、ＩＳＯとＩＥＣは、共同で第一合同技術委員会（JTC［Joint Technical Committee］for Information Technology）内に「自動認識およびデータ取得技術委員会（ＳＣ31）」を設立し、一次元と二次元のシンボルの国際的標準化を行うことになった。

このとき、先行する二次元シンボルは、当時の自動認識業界団体である国際自動認識工業会の標準として制定されていた。そのため、ライバルとの対抗上、デンソーは当初、国際自動認識工業会標準としてＱＲコードを制定することを最優先とした。

しかし、先行するライバル企業は、国際自動認識工業会での標準化にとどまらず、ＳＣ31が設立されたことに伴い、ＩＳＯ／ＩＥＣでの標準化もめざそうとしていた。

そのため、ライバルのコードに後れを取らないようにデンソーは、国際自動認識工業会標準としてQRコードを成立させるだけに終わらず、ISO/IECでの標準化もめざすことになる。それは当初からすれば想定外の展開だった。

前述したように、デンソーは一次元シンボルの標準化活動に参加しており、国際標準であるSC31が設立される前から日本電子工業振興協会（JEIDA、以下、電子工業会）の理事や電子工業会のバーコード技術標準化専門委員会の委員長の役目を担ってきていた。そこで任務を果たしていたのが、柴田だった。

電子工業会は、一九五八年に電子部品に関連する企業によって構成された団体で、電子工業の普及と促進をめざして活動していた。SC31が設立された一九九六年当時、日本で自動認識関連の標準化を行っていたのは、電子工業会の他に流通システム開発センターと日本自動認識工業会（現在のJAISA）だった。

日本自動認識工業会は任意団体だったため、最終的に電子工業会が国内の受け皿団体に決まった。電子工業会における柴田のそれまでの働きが決め手となり、一九九五年一二月、ニューヨークで開かれたSC31設立のための代表者会議に日本代表委員として、デンソーが出席することになる。それは柴田が思い描いていたシナリオどおりの展開だった。

SC31設立後も、柴田は国内委員会の委員長を通産省（二〇〇一年からは経済産業省）から指名され、自動車業界で自部工会の理事、電子情報委員会の委員、電子委員会の下部組織のEDI部会の部会長に就任し、QRコードを利用した、自工会と自部工会の標準帳票ガイドラインを作成した。

日本自動認識工業会からＡＩＭＡ（米国自動認識工業会）、そして、ＩＳＯ／ＩＥＣへの標準化がいよいよ本格化するときが目前に訪れようとしていたが、その道は思っていた以上に平坦ではなかった。

標準化の予算を確保する

標準化にライフワークのように打ち込んでいた柴田に突然、異動の話が持ち上がったのはそんなときだった。柴田は、非自動車事業の設計課長になった後、異動となり、数年、東京でマーケティング関連の仕事をしていた。

そこに当時、副社長だった太田和宏（一九九六～九九年に副会長）から、前任者の部長が別部署に希望を出して異動したため、空席となった本社の産業機器品質保証部へ行ってくれないかと打診があったのだ。それに対して、柴田は太田と交渉をしている。

「私はバーコードの仕事をしていた関係上、シンボルの標準化の仕事で飛び回っています。一年の半分は標準化の仕事でオフィスにいないこともありますが、それでもよいでしょうか」と。

柴田は一九九一年からバーコードの標準化に関する研究会や委員会に参加するようになっており、太田から異動の打診があった一九九五年頃には、日本自動認識工業会の技術委員会の委員長に就いていたのだ。

「それでもいいからやってほしい」という太田の言葉に、「もう一つお願いがあります。標準化には、お金が要ります」。柴田は返した。「いくらだ」との太田の質問に、「二次元コードのPDF417の普及を図っているシンボルテクノロジーは、コードの普及・啓発のために毎年三億円使っています。それぐらいかかります。いいでしょうか」と答え、問い返す。「うん、いいだろう」と太田は答え、柴田が標準化の仕事に就いていた一九九六年から二〇〇一年まで、二次元シンボルの標準化活動に十分な予算が確保されることになった。このとき以降、太田は陰に陽にQRコード標準化活動を支援する活動をしてくれるようになる。

標準化のために使える予算を確保した柴田は、まずQRコードを国際自動認識工業会の日本支部である日本自動認識工業会の標準にし、そこから国際自動認識工業会の標準にしたうえで、国際自動認識工業会からSC31に提案する計画を立てた。

それは、国際自動認識工業会がSC31の当該委員会に標準化の提案ができる資格を有するA型リエゾンと呼ばれる団体だったからだ。

一九九六年、デンソーはQRコードのパブリックドメイン宣言を行い、日本自動認識工業会から国際自動認識工業会に標準化提案をするための作業に着手した（図3-2）。作業を円滑化するため、柴田は、標準化を手掛ける団体での活動で主導権を握れる地位を意図的に獲得していった。

図 3-2 ●国際標準への途（1996～2000 年）

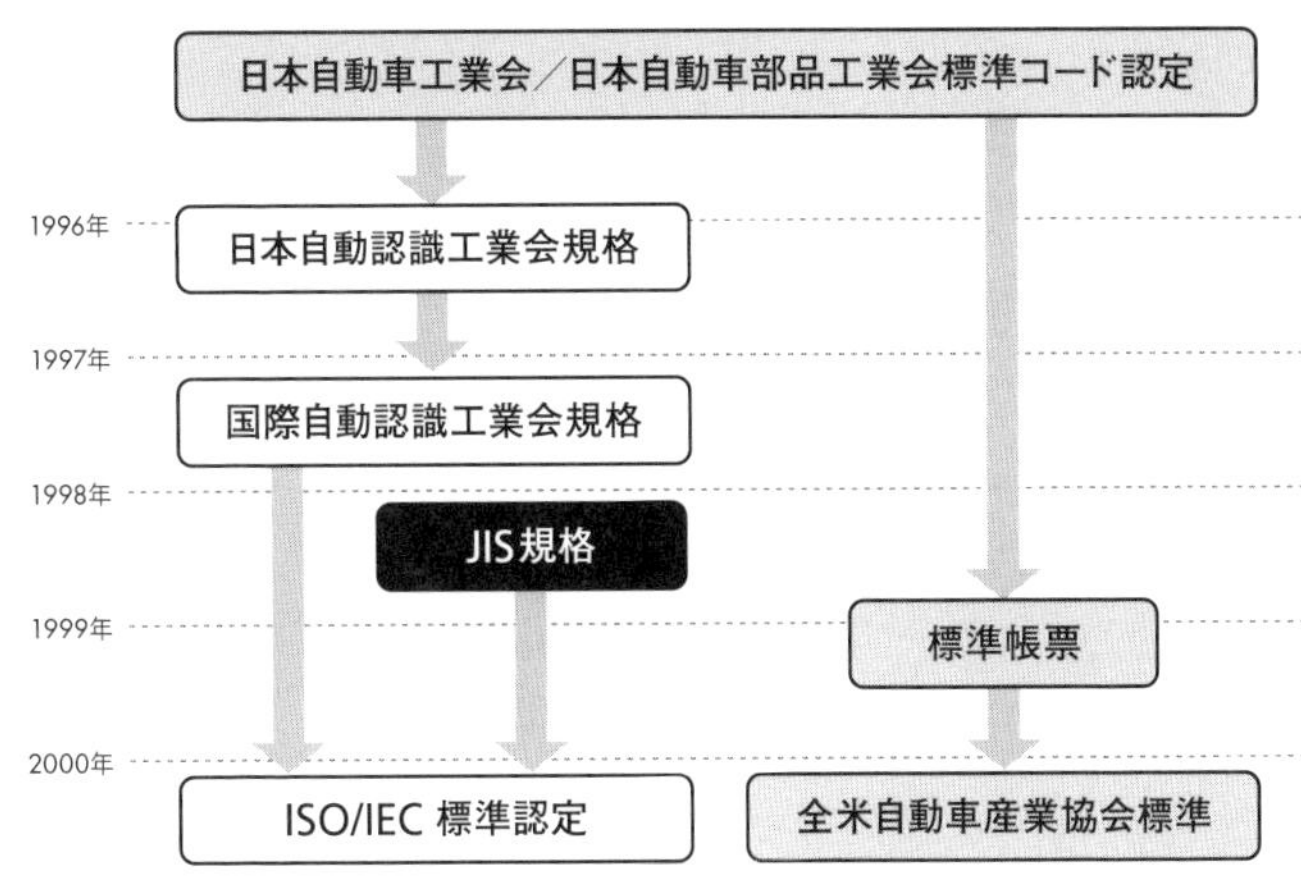

たとえば、日本自動認識工業会では理事長、技術委員会委員長といった地位を確保し、QRコードの日本自動認識工業会標準の開発を行った。国際自動認識工業会では日本の代表理事と技術委員会委員に就任し、QRコードが標準として認められやすくなる環境を作っていった。

日本IDテックとの特許紛争

そうした環境づくりをしながら日本自動認識工業会での標準成立を進めようとするデンソーの前に立ちはだかったのは、パブリックドメイン宣言をせず、ライセンス収入で事業を行うことを考える、二次元シンボルCPコードの特許を保有する日本IDテック株式会社だった。CPコードがQRコードの標準化に反対したのは、CPコードと同じニーズを持つ顧客を対象とすることが考えられたＱＲコードが、日本で標準として成立すると競争上、不利になるのが明白だったからだ。

ＱＲコードの標準化を阻止するため、日本ＩＤテックは次のような行動を取った。第一に、ＱＲコードが独占禁止法違反だと訴えた。第二に、ＱＲコードは一九九六年当時、まだ基本特許が出願されたばかり（一九九九年に登録）で成立していなかったため、ＣＰコードの特許侵害で訴えた。第三に、日本自動認識工業会と国際自動認識工業会での標準化手順が不明確、不公平であると国際自動認識工業会に提訴した。

ＱＲコードがパブリックドメイン宣言をして日本自動認識工業会の標準になるかどうかは、ＣＰコード利用へのライセンス料で事業収益をあげたいと考える日本ＩＤテックにとって、死活問題だった。そこでデンソーに対して、死に物狂いで抵抗してきたのだ。

こうした動きに対して、日本自動認識工業会はＱＲコードと標準化手順の両方の標準化を同時並行的に行うことで対応した。日本自動認識工業会は、ＱＲコードと標準化手順の審議を公平に行うため、次のような工夫を施した。

第一に、ＱＲコードの標準作成は、技術委員会とその下部組織である原案作成委員会で行った。第二に、技術委員会の委員長は、日本自動認識工業会の理事をデンソー以外の企業から選出した。第三に、委員にＣＰコード関係者を含めた。第四に、委員にＰＤＦ４１７などの二次元シンボルの日本代理企業を含めた。第五に、標準化手順は別の委員会を立ち上げ、同時進行させた。そして、ＣＰコードの国際自動認識工業会標準化支援を申し出た。こうした配慮を行ったうえで、標準化が進められた。

デンソーの関係者は説明する。

「日本ＩＤテックからの抗議は、ほとんど言いがかりに近いようなものだと感じました。ＱＲコードが標準になれば特許権を行使しないのだから、自分たちは競争で負けてしまうとわかっていて、必死だったのでしょう。

同社は、トヨタ自動車の社長にまで警告の手紙を送りました。トヨタの社長から、これはどういうことだと呼び出されて説明に伺うこともありました。他にも、公正取引委員会や特許庁からデンソーにヒアリングもありましたが、こちらがきちんと説明すると、先方は納得してくれました」

最終的に、日本ＩＤテックの主張が認められることはなかった。日本自動認識工業会で標準化手順が成立し、それと同時に、ＱＲコードはＣＰコードの抵抗をはね退け、標準として成立した。こうして最後にデンソーは勝利を手にすることができたのだ。一九九六年末のことであった。

国際自動認識工業会での標準化成立

日本自動認識工業会で標準が成立したＱＲコードが次にめざしたのは、国際自動認識工業会における標準化だった。国際自動認識工業会での標準化の作業に入るための基準として市場ニーズや導入実績があることは大きくプラスに働き、それに加えて前述の自動車業界での実績と、自工会と自部工会での標準シンボル認定があったため、標準化の作業に入る基準を満たすことができた。

また、国際自動認識工業会での標準化ではパブリックドメイン宣言することが必須条件だったが、これについても前述のように、デンソーは最初から織り込み済みで、パブリックドメイン宣言を何の躊躇もなく行った。

国際自動認識工業会でのシンボル標準化についての審議は、一次元シンボルと二次元シンボルの世界的な専門家で構成される技術委員会で行われた。同委員会に競合他社のメンバーが含まれていたこともあり、不利な状況を作らないためにデンソーも技術委員として登録し、二次元シンボル先進国であるアメリカで毎月開かれる技術委員会に出席し、ＱＲコードの標準化作業に参加した。

一次元シンボルも二次元シンボルも、ほとんどがアメリカで発明されているため、標準化はアメリカが中心地となっていた。ＱＲコードの国際標準化が少しでも実現に近づくように柴田も辻本も少なくとも月に一回、飛行機で海を渡り、委員会に積極的に参加し、休憩時間を使ってはQRコードの啓蒙活動を行った。日本へ帰国する飛行機ではぐったりするほど、心身共に膨大なエネルギーが奪われる仕事だった。

委員会でQRコードの標準化について検討が行われたとき、デンソー側に赤ランプが灯りかかった場面があった。仕様の一部に変更の可能性が出てきたのだ。仕様が大きく変わってしまうことは、デンソーにとって都合が悪かった。QRコードには、すでにユーザーが存在したため、仕様の変更はユーザーに混乱を与えてしまう。

そうした事態を避けるため、できるだけオリジナルの仕様で標準化されるように各国の委員に仕様を理解してもらい、賛同を得られるように技術委員会をリードしていく必要があった。

結論を先取りすれば、すでに使われているオリジナル仕様をモデル1とし、以下で紹介する技術委員会で検討された内容をモデル1に加えた仕様をモデル2とする標準化が行われた。また、技術委員会と並行して、デンソーは国際自動認識工業会の理事会に参加し、国際自動認識工業会の活動を支援することで、デンソーの主張に理解を示してもらえる環境を作っていった。

技術委員会では、漢字の効率的なエンコードをする漢字モードの必要性と、大きなコードサイズでの歪み補正能力が標準化の審議過程で取り上げられた。漢字モードについては、日本漢字コードの歴史的背景と体系を粘り強く説明した。また、大きなコードサイズでの歪み補正については、QRコードの開発を担当した原がアライメントパターンを追加し、新しいコード仕様で対応した。

技術委員会の委員の中には、オリジナル仕様のモデル1を標準に含めることに反対する者がいたが、既存ユーザーの利便を考慮すべきと柴田らが粘り強く訴え、以後はモデル2を利用することを条件に、オリジナルのモデル1を標準に含めることに理解を得ることができた。

こうした努力が実り、QRコードは一九九七年一〇月、無事に国際自動認識工業会標準として成立した。

ISO／IEC標準化をめざす

国際自動認識工業会のシンボル標準でのQRコードの標準化を達成したデンソーは、その次の目標として設定していたISO／IECでの標準化をめざした。

ISO／IECでの標準化の手順は「準備」「提案」「作成」「委員会」「照会」「承認」「発行」の七段階あり、提案から標準発行まで一般的に二〜三年を要するものと考えられていた。これは後からわかったことだが、国際標準化の過程で最も重要なのは「準備」段階であった。この段階での準備状況が、後の進捗を大きく左右することになる。

ここでも、デンソーはできる限り手を尽くした。同社は準備段階で四つのことを重点的に行った。第一に、利用環境の整備、第二に、業界での標準化、第三に、国際的ニーズの創造、そして第四に、関係者への教育活動だ。

まず、QRコードをプリンターで印刷しやすい環境を整備していった。コードの印刷可能性と一定以上の印刷品質を確保するための活動だ。日本だけでなく海外の主要プリンターメーカーにもQRコードの印刷機能を搭載してもらうよう、原がプログラムしたQRコードのエンコード用ソフトウェアを無償で提供した。その結果、約四〇社の三〇〇機種でQRコードが印刷できるようになった。

第二に、業界標準について前述したように、QRコードを国際自動認識工業会標準として認めてもらった。自動車業界での標準化は業界標準化に含まれるが、これは第三の国際的ニーズの創造とも関係するものだった。これも先に述べたとおり、日本の自動車業界はグローバルな活動をしている日本における代表的業界で受発注データのEDIや帳票の標準化を進めていた。その標準化での採用を進めているQRコードは、国際的にも安心して使用できるようにしてほしいという強いニーズがあり、それを国際的ニーズとして主張した。

他にも当時、流通業界でEDIの世界的な普及がある中で、日本企業には漢字を効率的に扱えるQRコードに対するニーズがあることや、日本だけでなくオーストラリアで家畜管理にQRコードが使われ始めていることを報告し、国際的ニーズとして主張した。

最後に、標準化への賛否の投票を行う関係者に対する教育、啓蒙活動では、一般読者にもわかりやすい内容のQRコード読本を日本語と英語で作成し、配布した。QRコードについての認知度を向上させるための活動だった。内容は、当時の自動認識業界の世界的リーダーへのインタビュー記事やQRコードにとどまらない二次元シンボル全般にわたるもので、自社に有利にならないように、できるだけフェアな記述になるよう心がけた。

この読本は非常に好評で効果的だった。標準化の投票は、利害関係が少ない場合、そのコードを知っていれば賛成、知らなければ反対となる傾向があるからだ。デンソーは、各国の投票関係者を過去の記録から割り出して約三三〇名にQRコードの関連資料を直接、参考資料として送付した。参考資料にはQRコード利用実績調査でわかった国内外の約五〇の事例を盛り込んだ。

準備段階の総仕上げとして、デンソーは一九九八年一月のSC31リオデジャネイロ総会で特別にQRコードのプレゼンテーションを実施した。

このプレゼンテーションはSCの議長と事務局との粘り強い交渉の結果、実現したもので、それまでのSC31における日本の貢献が認められたものでもあった。プレゼンテーションでは、QRコードの長所と、日本の自動車業界でその長所が認められて標準コードとなっていることを中心に、国際標準とすることの必要性を主張した。

自工会と自部工会の標準コード認定から、自工会と自部工会参加の企業が展開している海外工場の所在地と工場数を調査し、これら工場を利用する前提で説明することで国際ニーズの存在をアピールした。

自工会と自部工会で標準コード認定されるとともに、デンソーの最も得意とする市場でニーズを確保したことが功を奏した。このプレゼンテーションで、「新作業の提案」という次の段階に進むことに対する投票メンバー間のコンセンサスを醸成することもできた。

ＪＩＳＣでなく国際自動認識工業会からの提案

以上の段階を経て「提案」段階に進むことになったデンソーは、提案母体とプロジェクトエディタ（規格書の編集者）の決定、賛成票の数を確実にするための活動を行った。日本の場合、従来は、通商産業省内に設置されている日本工業標準調査会（ＪＩＳＣ）が提案母体だった。

ここで問題となったのは、どの組織からＳＣ31に標準化の提案を行うかということだった。デンソー、つまり柴田は、自動認識分野ではＳＣ31の重要なリエゾン（投票権はないが提案することができるメンバー）であり、ワーキンググループの主要メンバーが所属する国際自動認識工業会からの提案が多かったため、国際自動認識工業会から提案をすることにした。

一九九六年の段階で国際自動認識工業会標準は一・五年で標準化完了の予定だったが、事務局に直接問い合わせたところ、ＪＩＳＣは平均で三年はかかるといわれた。国際自動認識工業会からＩＳＯに提案していた他のライバルである二次元コードに後れを取らないためには、国際自動認識工業会からＩＳＯ／ＩＥＣに提案することが、より良いルートだと柴田は考えたのだ。

しかし従来、ＩＳＯ規格は当時の通商産業省工業技術院でＪＩＳ規格化し、ＪＩＳからＩＳＯに提案することが通例であった。そのため、ＪＩＳで規格化されていないものがＩＳＯに提案されることに同省工業技術院から強いクレームがついた。

「通商産業省は『日本発』で国際標準にすることで評価されていたので、このまま国際自動認識工業会から国際標準になってしまうと、工業技術院は国際標準化へのルートの選択肢の一つにしかならなくなってしまい、立場がなくなってしまうので、それを嫌ったのではないか」と関係者は語る。

デンソーは、なんとかこの難局を乗り切るための妥協点を探り、工業技術院からのクレームに対応するため通商産業省と協議を重ねた。同省の協力もあり、最終的に、当時としては異例の七カ月という早さで、ＱＲコードはＪＩＳ規格として制定されることになる。

ＪＩＳで規格化されないままでＩＳＯに提案された、という形にならないように体裁が整えられたのだ。ただしＱＲコードは、あくまでも国際自動認識工業会からの提案で、「日本発」という位置づけになることはなかった。

ここで「日本発」のイメージがつかなかったことは、プラスの効果を持ったのかもしれなかった。アメリカの反対を緩和するのに実は有効だったのではないか、とデンソーの関係者は後に語っている。

支援国の確保

プロジェクトエディタについては、規格書の効率的作成と投票時のヨーロッパ票の取り込みを意図し、ヨーロッパの自動認識業界の第一人者と呼べるイギリスのクリス・スウィンディンを選定した。スウィンディンには、国際自動認識工業会の規格書を作成するためにエディタとしての作業を依頼した。

当時、社内にQRコードの仕様書はあったが、国際自動認識工業会の規格書としての書き方や規格書に盛り込むべき内容についてのノウハウはなかったので、AIM UK（英国自動認識工業会）でエディタ経験のあるスウィンディンにドラフト作成を依頼することにした。彼は技術面に明るく、中立的で人柄もよく、国際自動認識工業会では好人物との評価が高かった。

「彼と一緒に規格書のドラフトを作成したということは、結果的に国際自動認識工業会でも高評価で受け入れられたのではないかと思います」と、規格書の作成に携わった辻本は言う。ただし、アメリカのコンサルティング企業への報酬ほどではないが、月に数十万円程度の予算を確保することが必要にはなった。

SC31では、ヨーロッパで投票権を有する国が一四カ国あったため、ヨーロッパ票の獲得は非常に重要だった。賛成票の獲得を確実にするため、デンソーは、プロジェクトエディタとは別に一〇カ国を個別に訪問し、協力を要請した。

柴田は当時を思い出して、次のように語る。

「投票権者には直接会って、こちらのお願いを伝えます。ストレートに、QRコードの提案に賛成してほしいとお願いしました。相手もストレートで、では賛成する見返りにセミナーを開催してほしいとか、協賛金を出してほしい、などといった条件を出してくるのです」

そうしたやり取りの中から、賛成票を獲得するためにデンソーは、さらに「各国投票権者への個人的支援」と「日本のSC31への貢献」という二つの点から活動を行った。各国投票権者への個人的支援は、QRコードをはじめとする有用な技術情報の提供、各国における展示会やセミナーへの参加、そして、会議のスポンサーを引き受けるというものだった。

日本のSC31への貢献では、SC31の設立当初からデンソーは日本の代表＝デンソーという地位を獲得していたので、国際会議への積極的参加（アジアからは、当時は日本だけがすべてのワーキンググループに参画した）、日本での国際会議の引受け（会議費用は開催国負担）、開発規格への有益な提案を積極的に行うことと引換えに、自分たちが提案するQRコードを応援してもらえるように交渉した。

「新作業の提案」に関する投票で次の段階に進むには、メンバー国の五〇％以上の賛成、二五％以下の反対、および五カ国以上のワーキンググループへの「積極的参加」が必須の条件だった。

とりわけ五カ国以上のワーキンググループへの積極的参加を確保するのが、骨の折れる仕事だった。各国はQRコードの標準化に賛成するだけでなく、同コードの標準化の作業のために自国以外の国の技術の標準化にもかかわらず、ワーキンググループの会議に出席することを確約してもらわないといけないからだ。もちろん、協力を引き出すには、それなりの「見返り」が必要にもなる。

柴田たちは、目的達成のため、デンソーと各国のキーパーソンとのコンサルタント契約（アメリカ、シンガポール）や中国、韓国でのQRコード国家標準化支援を約束するといった活動を行った。その努力は実り、最終的にはイギリス、ドイツ、シンガポール、中国、韓国から積極的にワーキンググループへの参加の確約を得ることができた。

ちなみに、デンソーは各国のキーパーソン、特にヨーロッパのキーパーソンが重要だと考えていた。しかし、柴田がヨーロッパ各国のキーパーソンに接触しようとしても、デンソー社内にはそのルートがなかった。なんとかキーパーソンに接触しようと、柴田は突破口を探った。最終的には、バーコードの標準化に尽力してきた流通システム開発センターが人脈を持っているという情報をつかみ、仲介者になってもらい、なんとかキーパーソンへの接触を成功させることができた。

他方で、一番影響力の大きいアメリカの反対を阻止することも、標準化を進めるためには重要な課題だった。そのために柴田は、辻本を通じて全米自動車産業協会にQRコードのアプリケーション標準化提案を行った。

これに対して、アメリカからANSI（米国規格協会：アメリカの工業分野における規格標準化を行う非営利団体で日本のJISCに相当する）に対する支援と、北米日系自動車企業の全米自動車産業協会への参画が要求された。

これら二つの要求を受け、デンソーがANSIの委員としてアメリカの規格作成に参画し、また、先に紹介したように、デンソーからの働きかけで、北米日系自動車企業の全米自動車産業協会への参加を実現した。

ついに国際標準へ

一九九八年に開始した、最初でかつ最重要な「新作業の提案」についての投票が行われた。投票の流れはまず、事務局から投票期限の通知が来る。次に、期限までにインターネットで投票する。開票結果はだいたい一週間後にメールで届き、どの国がどの案に賛成あるいは反対したか、意見が出た場合は、その意見がどのようなものだったか、がまとめられている。

「新作業の提案」段階の投票結果は、次のとおりだった。賛成一四カ国、反対〇カ国、棄権／無投票一二カ国でギリギリでの承認だ。当時のルールでは、棄権／無投票が一二票あったため、賛成票が一四票を下回ると落選しているところで、冷や汗ものの通過だった。

一方、同時に実施された「委員会」段階での投票は、賛成一九カ国、反対一カ国、棄権／無投票三カ国で、こちらは余裕を持った承認だった。

開票結果を知らせるメールが柴田の下に届いたのは、ある日の昼過ぎだった。結果を見て安堵した柴田は、すぐに太田のいる役員室の扉を叩いた。

「副会長、新作業の提案が無事に通りました」と柴田が報告すると、「そうか。良かったな。おめでとう」と太田は答えた。

「(提案を)通すのにものすごく苦労して、承認されるのに薄氷を踏むような思いだったのですが、太田さんにとっては、通って当たり前という思いだったのでしょうね。『良かったな』の返事は思いのほかあっさりしていました」と、柴田は当時を思い返しながら語ってくれた。

「新作業の提案」をクリアすれば、以降は番狂わせなしに順調に進んだ。「照会」段階と「承認」段階は、前者が賛成一九票、反対一票、後者が賛成二三票、反対〇票で無事、通過した。

その結果、ＱＲコードの規格はＩＳＯ／ＩＥＣ１８００４として、二〇〇〇年六月一五日に発行された。ＱＲコードは、日本企業が開発した技術が国際標準として認められた数少ない事例になった。ＱＲコードのＩＳＯ／ＩＥＣ標準化は、一九九八年一月から二〇〇〇年七月までの二年七カ月を要するものとなった。

原は当時を振り返って、次のように語る。

「五年はかかるだろうと思っていたのですが、意外と早く実現できました。担当スタッフにアメリカ駐在経験と情報収集力があったので、委員会で何が起こっているのかを把握できていましたし、国際会議でどのように振る舞えばよいかのノウハウを身につけることもできました。こうした点が大きかったですね。『日本の技術を世界に知らしめたい』という強いモチベーションがあったからこそなのは、言うまでもありませんけれど」

ＱＲコードのＩＳＯ／ＩＥＣでの国際標準成立は、同コード普及への大きな弾みになった。デンソーのＱＲコードに関するプロジェクトメンバーは、一九九四年のＱＲコード完成時に市場規模を数億円、一九九六年時点では読取装置プラス周辺機器で、年間二〇億～三〇億円と考えていたのだが、二〇〇〇年にＩＳＯ／ＩＥＣ国際標準が成立し、各所で使われるようになってからは、市場は予測を超える勢いで伸び始めた。

ＱＲコードはその後、アジア各国へも広がり、二〇〇〇年に中国、二〇〇二年に韓国、二〇〇三年にベトナム、二〇〇八年にはシンガポールでそれぞれ国家標準として成立し、市場規模は一五〇億円にまで成長していった。柴田が描いた「ＱＲコードが世界中のトヨタグループの工場に導入され、稼働する世界」が目の前に広がっていったのである。

第4章

進化
——企業ユーザーだけでなく消費者も

非自動車業界への普及

これまで見てきたように、一九九〇年代にＱＲコードを鍵技術とする仕組みは自動車業界、とりわけトヨタ系グループを中心に普及していった。他方で、自動車関連業界以外へも、ＱＲコードは着実に普及を見せていった。

自動車関連業界以外でＱＲコードを最初に利用したのは、ぺんてる株式会社だった。[1] ＱＲコード開発直後、原昌宏と営業の藤本直がＱＲコードの売り込みに訪ねた文具協会の会長がぺんてるの社長で、ＱＲコードを気に入ってくれたのだ。

ぺんてるの発注用の商品カタログは、商品数が年々増えるにつれて分厚くなってしまっていた。発注をバーコードでなくＱＲコードでできるようにすれば、スペースを節約でき、発注用カタログを薄くできると考えたのだ。

デンソーの営業部隊も、電機メーカーや流通企業からＱＲコードの利用者を開拓した。電機メーカーで最初に利用したのは、三菱電機だった。プリント基板を製造ラインで管理するためだった。

流通段階の商品管理を行うためにＱＲコードを導入したのは、コンタクトレンズのメーカーだった。プリント基板もコンタクトレンズも、製品サイズが小さい一方で、製品管理に必要な情報量がバーコードでは不十分だったという点で共通していた。

こうしてデンソーはＱＲコードの利用者を増やしていったが、ＱＲコードが利用されたのは、あくまで生産や流通の現場であって、消費者の目に触れる場所ではほとんどなかった。そんな状況で、デンソーにとって想定外のことが起こった。ＱＲコードを消費者の生活場面で利用する仕組みを作り、展開したいという企業が現れたのだ。

ＱＲコードを携帯電話で読む――シャープと日本テレコムの事例

業務用でのみ利用されていたＱＲコードが、消費者の普段の生活場面で利用されるきっかけを作ったのは携帯電話業界だった。[2] 携帯電話に搭載されたカメラでＱＲコードを読み取り、インターネット上のサイトに直接、接続するサービスを二〇〇二年一〇月に日本テレコムとシャープが始めたのだ。

デンソー（およびデンソーウェーブ）は、ＱＲコードについて特許権を所有しつつ権利行使しないスタンスを取っていたが、それが良かった。権利行使しないことを宣言したのは、普及や標準化のためだけでなく、利用者が自社で思いつかないＱＲコードの新用途を発見することを期待したからだった。原は説明する。

「ある技術を大きく成長させるには、利用者による価値創造を促し、用途開発をいかに広げるかが鍵になります。弊社は製造、物流、流通分野には精通していますが、それ以外の分野は得意でありません。不得意分野の用途開発は、利用者に任せて私たちは利用者から寄せられた要望を理解し、ＱＲコードを進化させる。わが社は利用者の用途開発のサポート役に徹しようと考えたのです」

日本テレコムからの問いかけ

二〇〇一年一月、日本テレコムのサービス企画の担当者からシャープへの問いかけから話は始まった。問いかけの主は、法人担当部門に当時所属していた人物だった。携帯電話を企業向けの用途で使うサービスを考えている部隊だ。

問合せの内容は、バーコードの読取機を携帯電話に接続して、読取機で読んだデータを携帯電話からインターネット経由でコンピュータ本体に送れないだろうかというもので、シャープ株式会社通信システム事業本部の山本信介のところに持ち込まれた。

日本テレコムは、携帯電話に搭載されている一六芯インターフェースを使って、ホストコンピュータのような他の機器とやり取りできるようにすれば、ユーザー企業が採用したいと考えるサービスを実現できるのではないかと考えたのだ。たとえば、物流倉庫で在庫商品を管理するために、商品についているバーコードを読取機で読んで、携帯電話につなぎ、データを別の場所にあるコンピュータに送る、といった用途を考えていた。

山本は、一九六三年神奈川県生まれ、広島大学大学院で学んだ後、一九八九年にシャープに入社し、一九九八年から携帯電話の商品企画に携わるようになっていた。

問合せを受けて、シャープは日本テレコムと商品サービス実現の可能性を検討した。しかし、残念ながら、この案については最終的に自然消滅となってしまった。

携帯電話カメラでバーコードを読めないか

それから約一年が経ったある日、携帯電話のカメラでバーコードを読めないかという問合せが、J-PHONE移動機開発部開発グループの諸戸美年子からシャープに寄せられた。バーコードをカメラで読んでインターネットに接続し、そこで何らかのサービスを提供し、消費者のデータ通信量を増やすことを考えていたのだ。最初はQRコードでなく、バーコードを携帯電話で読めないか、という形で持ち込まれた話であった。

バーコードを読み取り、商品管理に使うといった場合、シャープ社内の他部署が販売するPOSレジと自社内競合が生まれる可能性があり、読み取り精度の問題も懸念された。検討の結果、やるなら、あくまで消費者向けで、読み取るなら情報格納量が多い二次元コードにしようということになった。

二次元シンボルの検討

シャープの商品企画チームは、バーコードに加え、まずQRコードを含む既存の二次元シンボルを俎上に載せた。その結果、QRコードを対象にサービスを考えることにした。その理由は次のようなものだ。QRコードは印刷しやすい、読み取り速度が速い、どの方向からでも読める、破損や汚れなどがあっても読めるJIS規格になっていて、特許行使もされないというものだった。

URLへの直接接続

考案されたのは、企業向けの事業解決案ではなく、消費者向けのサービス案だったので、在庫管理用でなくURLへの接続を迅速化、簡便化する用途で検討された。

それまでは、携帯電話のボタンを使ってURLを手入力するしかなかった。それを雑誌や広告媒体にインターネット上のURLを格納するQRコードが印刷されていれば、コードを携帯電話で読み取り、簡単かつ短時間にめざすURLに直接接続できるようにするのだ。

端末の発売と普及

QRコードの読取機能を搭載したJ-PHONEの端末は、J-SH52とJ-SH09で、前者はSDカードリーダーといった機能も搭載されているハイエンド商品、後者は普及型だった。

二つの機種は、二〇〇二年に発売された（写真4―1）。

シャープは、名刺に記載されている内容をQRコードで表現し、印刷できるようにした「ケータイQRコードマネージャー」という名刺作成ソフトを開発し、消費者がネットから無料でパソコンにダウンロード（無償配布）できるようにした。

写真 4-1 ●
QR コードを搭載カメラで読んだ J-SH52 と J-SH09

このソフトで作成されたQRコードを携帯電話で読めば、携帯電話の電話帳に手入力不要で簡単に登録できるようにしたのだ。消費者に、手入力の手間を省くQRコードの便利さを知ってもらうための工夫だった。

当時の雑誌やテレビ放送事業者の媒体にQRコードを印刷してもらい、コードを読むとすぐに該当するURLを閲覧できるようにしてもらった。

QRコード読取機能搭載の初期は、さすがに機能に対する認知率が低く、QRコード読取機能が搭載された端末を持つ消費者の数が少なかったため、驚くほど不調に終わったものがあった。

たとえば、衛星基幹放送事業者のWOWOWが利用者に配布している番組情報誌（二〇〇二年一一月号）の通信販売のページに、購入サイトにアクセスできるQRコードを載せておき、そこで購入した人にはシャープ製品が抽選で当たるキャンペーンを行った。賞品にシャープ一押しの商品を揃え、応募者の殺到を期待したのだが、結果は不調に終わった。応募者がわずか二～三名しかなく、賞品用に用意していた商品が在庫として余ってしまったという。今となっては笑い話になる出来事だ。

期待どおりにいかないこともあったが、QRコードの読取機能は消費者に受け入れられ、堅調に利用されるようになり、シャープだけがこうしたサービスを提供する時期は長く続くことはなかった。

J-SH52とJ-SH09の発表直後には、J-PHONE用の他社製の携帯端末にも、QRコードの読取機能が標準装備されることが決まり、二年足らずで、他の携帯電話キャリア向け端末でも、標準装備機能となった。

当時、世界最先端だった携帯電話事業の仕組みは、QRコード普及の加速に影響を与えたと思うかという問いに、シャープの山本は次のように答える。

「はい。そう思います。当時、日本テレコムさんはじめ、auさん、NTTドコモさんのような携帯電話キャリアのプラットフォーマーとしての収益力が高く、携帯電話端末メーカーに対する発言力もありました。当社のようなメーカーからすると、新機能や新サービスをキャリアに標準仕様として採用してもらうことで、一気に普及が進むというメリットがありました。

そうした背景から、ＱＲコード読取機能についても、シャープだけのものにすることはせず、他の端末メーカーにも搭載されるような標準機能となりました。ＱＲコードの利用が日本の消費者に普及し浸透したのは、データ通信量の増加をもくろむ携帯電話のキャリアの思惑と、それに歩調を合わせながら特長機能を普及させていく端末メーカーとの関係に一因があったのではないでしょうか。

携帯キャリアは、人気の出た機能やサービスを特定の携帯電話端末メーカーに独り占めさせないだけの力を持っていました。一方で、キャリアに提案して特長機能を他社に先駆けて搭載し半歩先を行くことが当社としてできました。だから、ＱＲコード読み取りのような便利な機能はすぐに標準装備機能になり、利用者数が爆発的に増えたのだと思います」

日本テレコムとシャープが搭載した新機能は、携帯電話キャリア、そして携帯電話端末メーカーで横断的に展開され、携帯電話利用者から市民権を得ることに成功する。日本テレコムとシャープ両社の挑戦によってＱＲコードは生活者のネット生活の中心部分に居場所を得て、現在に至るまで生活者との重要な接点の一つを形成し続けている。

QRコードを使って飛行機に搭乗する――ANAの電子チケットの事例

こうして携帯電話を使ったQRコードからのインターネット接続サービスの開始が、私たちの身近にQRコードを登場させるきっかけになった。(3) その四年後、QRコードは私たちの生活にとってさらに身近なものになる。

一般消費者が利用する交通インフラで、QRコードをネットの世界を離れたリアルな世界でも利用する仕組みが登場するのだ。ANAが導入したQRコードを使った電子チケットだ(写真4-2)。長くなるが、紹介しよう。

SKiPサービス

現在、日本で国内線の飛行機に搭乗する際、乗客はICカードかQRコードを改札機にかざして搭乗ゲートを通過するようになっている。この仕組みは、二〇〇五年上期にANAの社内で「スマートeダイレクト」という仮称で議論されていたもので、二〇〇六年九月一日に「SKiPサービス」という名で本格的に導入されたものだ。SKiPは、空港のカウンターや自動チェックイン機でのチェックインを不要とするQRコードまたはICチップを使った電子航空券によるチケットレス搭乗サービスだ。

このSKiPサービスで、乗客が搭乗時に使用するチケットに搭乗用の情報を格納するため

写真 4-2 ● ANA の電子チケット（搭乗券）

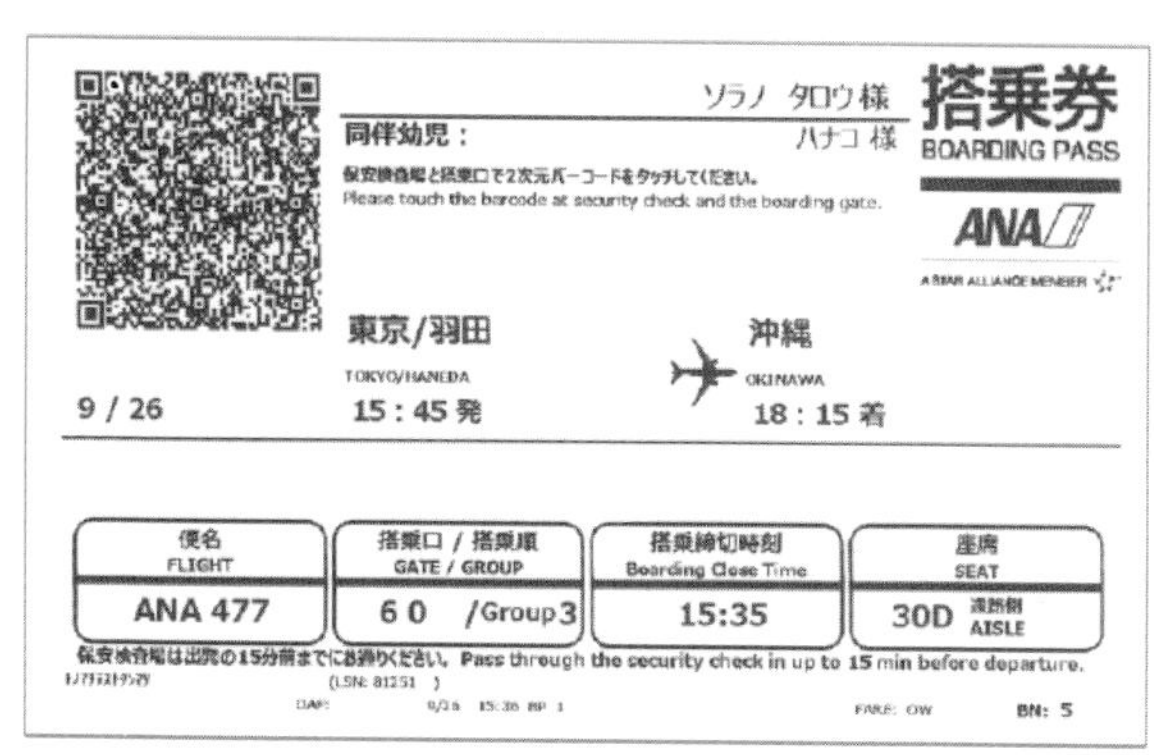

出所：ANA

にQRコードが導入された。ANAがQRコードの採用を決定したのは、二〇〇五年の春頃のことだった。その後、日本航空でも同様のサービスが導入され、国内線の標準的な搭乗スタイルになっている。

仕組みを開発したのは、当時ANAの営業システムを担当していた野村泰一だ。野村は一九八七年に早稲田大学商学部を卒業後、ANAに入社した。実は、飛行機よりも鉄道に関心があったのだが、就職した一九八七年は、国鉄（日本国有鉄道）が分割・民営化された年であり、国鉄が巨額の赤字を抱えていたため、大卒の新入社員募集がなかった。それに加えて、規制緩和下の航空業界を研究する教員の下で交通論を学んだこともあり、縁を感じた航空業界に就職することにした。

ネットによる航空券予約と新運賃制度

まず、SKiPサービス導入までの流れで重要だと思われるポイントを整理しておこう。ここで紹介する、ＡＮＡが提供する新サービスは、対新幹線という視点で見ていくと理解しやすい。東京─新大阪間をはじめとする新幹線と競合するビジネス需要は、航空会社にとって生命線となるものだからだ。

ＡＮＡにとって一つの重要な転機になったのは、一九九七年一一月一〇日のインターネットによる航空券予約と新しい運賃制度の開始だ。それまで航空券予約の九割を旅行代理店経由で行っていたのを、インターネットを通じて利用客が直接予約できる仕組みを導入し、同じタイミングで同一路線に対して複数の運賃を用意し、利用客がそこから選べるサービスを開始したのだ。

インターネットで手軽に航空券の予約ができるようになれば、わざわざ旅行代理店などのカウンターに行く手間が省ける。旅行代理店やＪＲのみどりの窓口まで行ってチケットを購入しなければならない新幹線と差別化できる。また、運賃の選択肢が少ない新幹線に対して、利用客が自分でいくつかの選択肢から運賃を選択できるサービスは訴求力を持つものだった。

利用客への直販で、航空会社が利用者と直接結びつくことに対して旅行代理店が危機感を抱く局面ではあったが、予約の手軽さと多様な運賃の導入による航空機利用客の増加に伴って、航空機利用需要が拡大したため、旅行代理店から大きな抵抗を受けることはなかった。

その後、ＡＮＡはドコモの携帯電話におけるインターネット接続サービス「ｉモード」の開始に伴う携帯からの航空券予約を、ｉモードの開始と同じ一九九九年二月に開始する。

「インターネット予約を導入すると同時に、旅行代理店から不満が出そうなのを先回りして、代理店のためにめちゃくちゃ使い勝手の良い航空券予約システムを開発しました。それまで特別な研修を受けないと店で発券業務ができないシステムだったのが、研修なしでも発券できるぐらいの仕組みを代理店には提供したので、代理店側から表立った不満は出てこなかったのだと思います」と、野村は説明する。

マイレージサービスの開始

ＡＮＡは一九九七年四月一日にＡＮＡマイレージサービスを開始していた。当時のＡＮＡの考えはこうだ。マイレージサービスが定着すれば、目的地に向かうとき、複数の航空会社の中から便を選ぶのではなく、飛行機で行くならＡＮＡで、という世界が必ず訪れることになるだろう。マイレージを貯めて、マイレージを使った旅行やラウンジサービスといったサービスを受けたいと利用者が考えるようになるのだから。

では、マイレージがもたらす便益を利用者が認識するまでの時間を、どのような手を打ちながら過ごすのか。そこが一つのポイントになっていた。

友好的な三社関係から二社競合へ

二〇〇〇年に入り、旅行代理店から国内航空会社三社のサービスと運賃を横断的に比較し予約できる仕組みを提供したいので、各社の予約システムを開放してほしいという要請があったときもＡＮＡは落ち着いていた。航空機の利用客のうち、自社にとって最も優先度の高い顧客は、近い将来マイレージ会員になり、航空会社のサービスを比較しながら購入するということはしなくなると考えていたからだ。

当時、ＡＮＡ、日本航空、日本エアシステムの航空会社三社の関係は友好的だった。それは共通の競争相手である新幹線が存在していたことと、競合関係が三社であることで対抗意識が醸成されることがほとんどなかったからだ。

旅行代理店からの要請に対する回答という意図を込めて二〇〇一年、日本航空とＡＮＡは共同出資で国内線ドットコムというサイトを立ち上げた。旅行代理店を通さなくてもそれぞれの会社のシステムと直結し、運賃や空席比較といった機能を提供し、航空券を購入できる仕組みを開発したのだ。航空会社三社は国内線ドットコムを開設したことで、同じサービスを旅行代理店が行うことは不要である、というメッセージを代理店に返したのだ。

このように二〇〇二年までは三社が良好な関係を保ちつつ、時に単独で、時に共同戦線を張って新幹線対抗策を考え、実践していたのだが、そこに大きな二つの競争上の変化が起こることになる。一つは業界内の競争で、二〇〇二年一〇月一日の日本航空と日本エアシステムの合併、もう一つは業界間の競争で、二〇〇三年一〇月の東海道新幹線品川駅の開業だ。

二〇〇二年の日本航空と日本エアシステムの統合は、航空業界内の競争関係に大きな影響を与える出来事だった。国内線が三社体制から二社体制へ移行することになり、ＡＮＡは日本航空とのライバル関係を意識せざるをえない状況になってしまったのだ。

前述のように、二〇〇二年までの三社体制での航空会社間の関係は、協調的な側面があった。先に紹介したインターネット販売サイトの共同開発や、東京―大阪線を三社が協力して運営するシャトル便サービスの共同導入を行うといった友好的関係が見られていた。

特に、航空会社の収益を左右する東京―大阪間のビジネス需要は、航空輸送 対 新幹線輸送という側面が強く、同区間に対しては三社が新幹線に対する競合関係を意識し、協調的行動を取る傾向があった。

しかし、日本航空と日本エアシステムの統合以降、航空会社が協調的行動を取ることはほとんどなくなり、逆に日本航空がＡＮＡをビジネスモデル上の特許侵害で訴えるといった敵対的行動が見られるようになる。

そうした状況の中、二〇〇三年に東海道新幹線の品川駅が開業する。同駅の開業により新幹線利用の利便性が向上し、収益性の高いビジネス需要獲得の競合度がさらに上がることになった。日本航空との協調的行動が期待できない中、ＡＮＡは自社単独で新幹線を含む競合との差別化を考え、実践するというスタンスを取らざるをえなくなったのである。

東海道新幹線の東京駅発の列車はのぞみ、ひかり、こだまを合わせた場合、一時間最大一五本という通勤電車並みの頻度で運転しており、世界唯一といわれるほどだ。さて、どのような点で利用客に便益を訴えるか。ＡＮＡの野村にはある考えがあった。

無駄な手続きのない搭乗サービスとは

ＡＮＡの利用客にはできるだけスムーズに無駄な手続きなく搭乗してもらえるサービスを実現する。それが、野村が考えた一つの切り口だった。

当時、国内線航空券は磁気ストライプに情報を書き込む方式で、搭乗の仕組みは次のようなものだった。利用客は旅行代理店などで航空券を購入し、発券された航空券を持って空港に向かう。空港に到着すると航空会社のカウンターか自動チェックイン機でチェックインを行う。

この時点で航空券は搭乗券に変わる。ここでいう「変わる」とはチケット（裏の磁気カード）に搭載されている情報が書き替わることを意味する。この搭乗券を持って保安検査場を通過し、所持品のチェックを終えた後、搭乗ゲートまで移動し、搭乗時間になったら改札口を通り、予約した路線の飛行機に搭乗する。

現在、カウンターか自動チェックイン機で行っているチェックインをなくして直接、保安検査場に行き、検査場の機械（スキップ端末）で実質上のチェックインを行えるようにすれば、利用客は余計な手続きをほとんどすることなく搭乗ゲートに向かい、搭乗することができる。そうすれば、省いたチェックインにかかる時間だけ空港への到着時間を出発時間に近づけることができ、利用客のドアツードアの時間を大幅に短縮できるはずだ。

しかも、保安検査場をチェックインと同じ機能を備える場所にすれば、航空券を予約した客が空港に来てすでに検査場の中にいるのか、まだ到着すらしていない可能性があるのかを知ることもできる。それがわかれば、予約客を搭乗ゲートで待つべきか、それともゲートを閉めて出発の準備を始めてよいかどうかの判断がしやすくなるだろう。その結果、航空機出発の遅延を防ぐことに役立つのではないか。これが野村の考えたＳＫｉＰサービスだった。

搭乗券をどうするか

ＳＫｉＰサービスを実現するにあたってネックとなったのが、航空券（兼搭乗券）の様式だった。当時、使用されていた磁気ストライプ型の航空券には、以下のような問題があった。

第一に、インサート機構や磁気処理に対応するため、航空券発券機の単価が高価格だった。第二に、発券機での紙詰まりや紙粉が不可避のため、メンテナンスコストが高かった。第三に、磁気ストライプ付きとなるため、航空券自体が高単価だった。

幸い、マイレージ会員の登録数は増え続けて一五〇〇万人に迫る勢いだった。マイレージ会員は会員カードとしてＩＣカードを持っている。野村はマイレージ会員以外の利用客にはバーコードを発行して、航空券（兼搭乗券）にしてもらえばよいのではないかと考えた。バーコードに注目したのはコストと印刷の手軽さだった。

先に挙げた三つの問題は、ＩＣカードあるいはバーコードを使ったスキャン式の搭乗スタイルを取るようにすれば、すべて解決されると野村は考えたのだ。

さらに、ＩＣカードとバーコードを使ったワンタッチ型の搭乗が実現すれば、改札機での印刷で転写リボン方式から感熱紙による印字、そして、挿入される搭乗券一枚一枚への印字からロール紙への印字へ移行できる。転写リボンは産業廃棄物にあたり、環境に優しくない。搭乗券を一枚一枚挿入して印字するから、紙詰まりが起こりやすくなる。ロール紙への印字にすれば、紙詰まりに悩まされることが激減することになる。良いことずくめだ。

ＱＲコードの採用

しかし、問題が一つあった。バーコードでは、航空券の情報は格納できても、搭乗券の情報を格納するには不十分であることがわかったのだ。野村は次のように説明する。

「航空券のほうには、ホストコンピュータ内の発券情報を引き出すためのレコードキーが入っていれば十分です。しかし搭乗券情報は、搭乗券面にも印字されているものですが、搭乗日、航空会社コード、便名、ボーディング番号の情報が格納されていなければいけません。

たとえば、搭乗口をお間違えになったお客様が、搭乗券を機器にタッチした場合などは、システム上はエラーにしなくてはなりません。ホストコンピュータに情報を上げてエラーにするよりはローカル側（現場の機械）で処理したほうが早いケースがあるからです。

そうした情報を搭乗券に持たせておいて、現場の機械とやり取りさせなくてはなりません。保安検査場で発行されるボーディング番号は、お客様は意識しませんが、空港係員サイドはチェックインにかかわるホストコンピュータのファイルを引き出す際に利用します。搭乗日ごと、便名ごとにチェックイン順にユニークに番号が振られていて、この番号を使ってANAの社員がコミュニケーションを取るほうが効率的な場合があります」

そこで搭乗券に格納されるべき情報を格納するため、バーコードよりも情報格納量が多い二次元シンボルが検討されることになった。「何かないですか」という野村からの問いに改札機の開発を担当していたオムロンから出てきたのは、「QRコード」という耳慣れないコード名だった。「最初は何それ？　って聞き返しました」と野村は当時を思い出して笑う。

野村は、二次元シンボルでは国際線のチケットで利用されていたアメリカ発のPDF417があることは知っていたが、選択肢としなかった。それは、ANAではマイレージ会員が着実に増加していて、同会員はICカードで搭乗をするからだった。ただし、ICカードでも二次元シンボルでも読み取れるリーダーがあれば、搭乗空港の読取機をシンプルにデザインすることができると考えた。

機器開発を担当していたオムロンにそうしたICカードと二次元コード、どちらも読めるリーダーを提供してくれるところはないかと尋ねたところ、オムロンの答えは「デンソーがあります」だった。「それでは、あたってみますか」とオムロンがデンソーに問い合わせたところ、ＱＲコードを採用してくれたら、ＩＣカードも読む機器を新たに開発するという返事があったとのことだった。

「ＩＣカードとＱＲコード、どちらも読むリーダーがあれば、マイレージ会員も、ＱＲコードで搭乗する一般のお客様も、同じタッチアクションで搭乗していただけ、空港の機器のリーダーもシンプルにデザインできると思いました」と野村は語る。

さらに、消費者の携帯電話の保有率も上がりつつあり、携帯電話の画面にバーコードを表示させるアイディアも出てきた。携帯電話の画面に表示させる場合にも、ＱＲコードは生成しやすいということがわかり、この点もＱＲコード採用を後押しするものだった。

野村は嬉しそうに語ってくれた。

「ＱＲコードがあって本当に助かりました。これがなかったらＳＫｉＰサービスは実現できなかったかもしれません。ＳＫｉＰの導入効果としては同サービスの利用率は全体の六割を超えた高い割合ですし、サービス導入前には保安検査場にいらっしゃるのが四五分前というお客様が最も多かったのが、今は三〇分前というお客様が最も多いのです。

この一五分の差は非常に大きなものだと弊社では考えています。飛行時間を一五分短縮するのは至難の業です。しかし、飛行場へのご到着を一五分遅らせることができたということは、ドアツードアのお客様の移動時間を一五分短縮できたと解釈することができます。それは飛行時間を一五分短縮したことに匹敵すると私は考えています。

ＱＲコードは当時、まだ普及しているとはいえなかったと思いますが、弊社のＳＫｉＰサービスへの採用で、お客様の利便性とシステムの開発・運用コストの低減の双方を実現できたと考えています。また、このサービスがさらにＱＲコードの定着に貢献したとも思います」

ＱＲコードの進化

ここまで紹介したように、ＱＲコードは二〇〇六年に航空機の搭乗券に採用され、一般生活で日常的に利用されるようになった。

このように、既存のＱＲコードの新しい用途が利用者によって開発されている一方で、ＱＲコード自体も進化を見せている。原によれば、ＱＲコードは大きくいって、小型化、セキュリティの強化、デザイン性の加味といった方向で進化を見せているという[4]（図４‐１）。こうした進化の多くも、デンソー（ウェーブ）が意図的に誘導した結果として起こったものでなく、ユーザーによって誘導されたものだと原は話す。

「利用者は社会変化に伴って次々に用途開発をしてくださっています。私たちが早い段階で特

図4-1 ● QRコードの進化

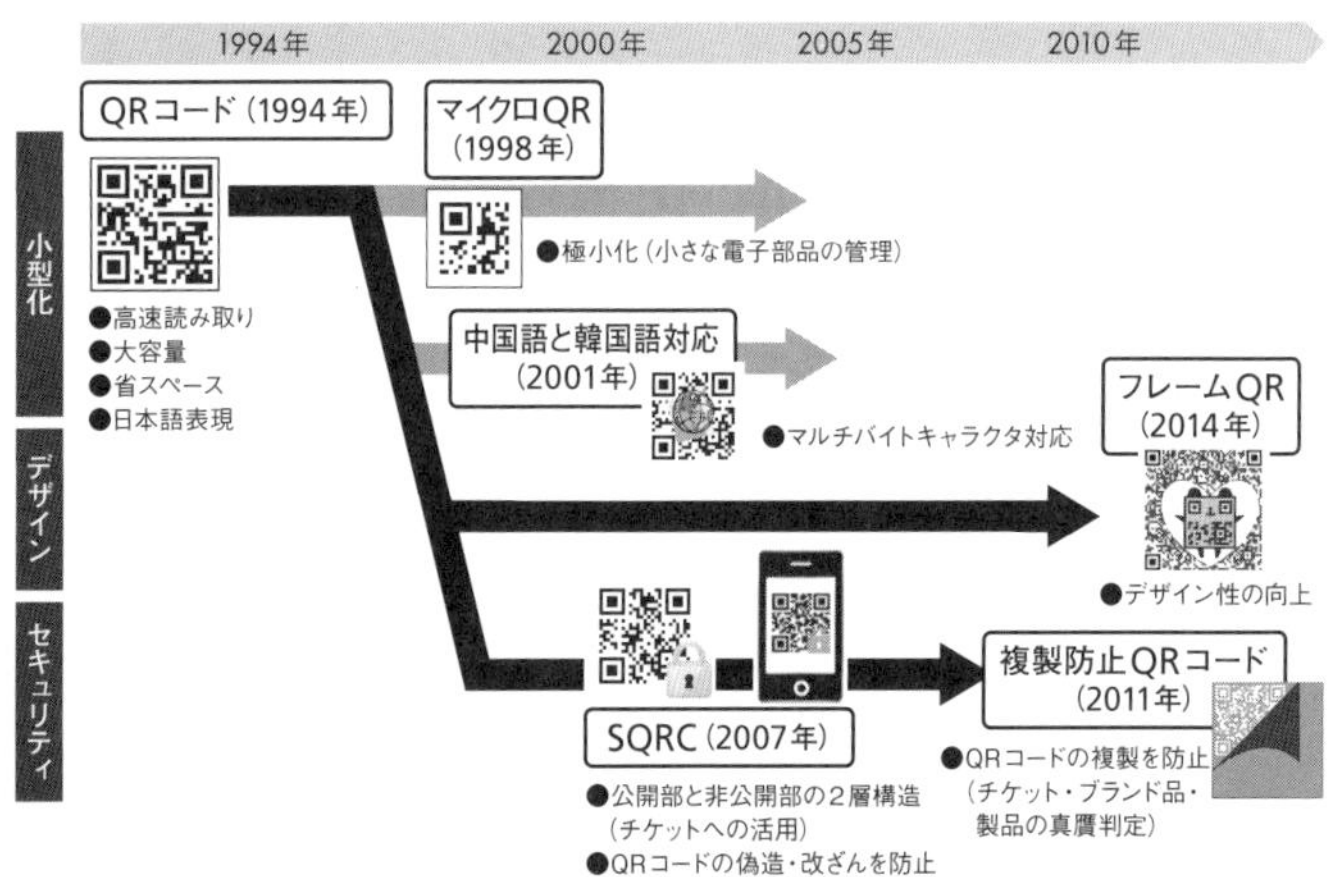

出所：原昌宏

許を一部オープンにしたことで、利用者から新しいニーズが寄せられるようになり、それに合わせる形で、私たちはQRコードを常に進化させてきました。その流れは変わりません。だから、ここまで広く普及させられたと思っています」

小型化

利用者から持ち込まれた課題を解決することで、新しいQRコードを開発した最初のものが、一九九八年に発表されたマイクロQRだ。これがQRコード小型化への第一歩となる。

発端は、デンソーの幸田工場の生産技術担当者からの、プリント基板の縁にQRコードを印刷して部品の管理をしたいのだが、コードのサイズが大きすぎて使えないので、QRコードを小型化できないかという依頼だった。

相談を受けた原は、ファインダパターンの数を三つから一つに減らす一方で、マスキングという技術を使い、コード上に切り出しシンボル的に機能する模様を配置して、読み取り速度を落とさずにQRコードを小型化するのに成功した。マイクロQRと呼ばれるコードで、英数字二〇文字程度のデータを一ミリ角で印刷できるようになったのだ。

マイクロQRはバーコードで管理できなかった電子部品や医薬品、貴金属といった小さいサイズの商品や部品の管理に、QRコードを利用したいという顧客の声に応えるコードとして受け入れられていく。

広く社会で知られるようになった事例は、角川書店によるもので、同社の文庫本の背表紙にマイクロQRが印刷されていて、営業担当者が背表紙に付いているコードを店頭で読み取って売れ行きをデータ化し、活用している。

小型化という点では、多言語対応もコードの小型化の流れに沿ったものだった。

二〇〇一年にデンソーは中国語と韓国語に対応した各言語について、従来に比べ約八割の大きさで情報格納できるQRコードを発表する。これは、日系企業が中国、台湾、韓国に進出して現地企業と取引する際、伝票を起こす必要が出てくる。そのときに現地企業名や現地企業住所を情報として、従来のものの約八割の大きさのQRコードに格納できるようにすると喜ばれるのではないかと考え、中国語と韓国語対応のQRコードを開発したのだ。

このコードによって、アルファベット圏以外の言語の文字を効率的に扱えるようになった。

その結果、この仕様のＱＲコードは中国と韓国、それぞれの国家規格を取得することができ、日系の電機メーカーに採用されるようになった。

セキュリティの強化

セキュリティの強化という方向への展開は、次のようなものだった。ＱＲコードは仕様が公開されているため、その気になれば誰でも読み取ることができる。しかし、そのことがＱＲコードを業務で利用している企業にとって、不都合になる場合がある。製品の製造管理や品質情報といった機密情報が洩れてしまう危険性がある場合だ。

日本の大手複合機メーカーから、次のような依頼が持ち込まれた。それは、同社のトナーや印刷紙といった部品や周辺製品をＱＲコードで管理したいが、同コードに社外秘の情報も併せて格納し、管理したいというものだった。コードに公開と非公開の両方のデータを格納し、非公開部分は社内の関係者だけが読めるようにしたいということだ。

また同じ頃、ＱＲコードを電子チケットとして利用することを検討していたエンターテイメント企業から、次のような問題を指摘されていた。それは入園可能日といったチケットのデータを改ざんされ、何度も日付を変え利用される危険性があるため、そのままでは導入できないというものだった。

セキュリティに関することなので、ここで詳しくは書けないが、依頼を受けた原は、他社の

QRコードリーダーを取り寄せ、格納情報を読み終えた後の挙動を調べてみた。そこで、公開データを格納した後の「余白」に暗号化した非公開データの領域を作れば、その部分は固有の暗号鍵を搭載した読取装置でしか読み取れないようにすることができると考えた。この方法であれば、社外秘の情報は保護できるし、データを改ざんすることはできない。こうした経緯で開発し、二〇〇七年に発表されたのがSQRCコードだった。

SQRCは次のように利用されている。たとえば、商品パッケージに印刷されているQRコードは普通に読み取ると、当該商品のウェブサイトに接続できるが、実は使用されている原材料の生産地情報が非公開データとして格納されている場合がある。

あるいは、SQRCの公開領域に訪問者の会社名と氏名を、非公開領域に訪問日や訪問する企業名、部署名を格納すれば、悪意ある第三者がコードをコピーし建物に入ろうとしても入館ゲートは開かない。非公開領域のデータを改ざんできないからだ。

コピー防止という点では、原は二〇一一年に複製防止QRコードを開発し、発表している。もともとは駐車場機器メーカーからの依頼が持ち込まれたのが始まりだった。依頼は費用のかかる磁気カードから普通紙にQRコードを印刷したものに移行したいが、駐車券の複製やデータ改ざんを防ぎたいというものだった。コードを複製され、日時の情報を改ざんされてしまうと、何度も駐車場を使われてしまう危険性があると心配したのだ。

リーダーの価格が折り合わなかったために商談は成立しなかったが、原はこの依頼をきっかけに複製を防止するにはどうしたらよいかを考えるようになった。

解決には、紫外線を放射する電灯、ブラックライトがヒントになった。紫外線を当てると蛍光物質が発光する原理を応用して特殊な波長の光だけを通すインクでＱＲコードを隠し、その波長の光を該当箇所に当てて返ってくるコード情報を読み取る仕組みを開発した。特殊な波長を当てるため、人間には見えず、どこにＳＱＲＣがあるかすらわからない仕組みだ。たとえば、コードの場所がわかってコピーしようとしても、複写機から出る光の波長が違うためにコードのコピーはできない。

複製防止ＱＲコードは、モノレール用チケットが代表例で、北九州モノレールと沖縄都市モノレール（ゆいレール）で採用されている。

デザイン性の加味

デンソーウェーブが発表している新しいＱＲコードの一つに、フレームＱＲと呼ばれているものがある。このフレームＱＲは、デザイン性の加味という進化方向を持ったものだ。

実は、ＱＲコードにデザイン性を持たせる最初の試みは、デンソーウェーブ発ではなかった。ＱＲコードに対する特許権が行使されないことに加えて、世界的に普及した携帯電話やスマートフォンにカメラが標準装備され、消費者がＱＲコードの読み取りを、専用端末を使わずに簡単にできるようになってからは、多様な用途や新しいタイプのＱＲコードがデンソー（ウェーブ）がかかわらない場所で開発されるようになっているのだ。

ベンチャー企業のＩＴ　ＤｅＳ・ｉｇｎ社がデザインＱＲというＱＲコードを開発し、発表している。デザインＱＲは、ＱＲコードが持つ誤り訂正機能に注目して発想されたものだ。

誤り訂正機能はコードの三〇％までの汚れ、破損なら格納されている情報を読み取ることができるというものだった。ならば、この三〇％の部分に汚れや破損でなく写真やイラスト、ロゴといったものを配置できると考えたのだ。汚れや破損があるとそこは読めないという条件付きでＱＲコードにデザイン性を加味したのだ。

ＱＲコードにデザイン性を加えたことで、たとえばＰａｙＰａｙやＬＩＮＥ　Ｐａｙといったロゴを配置することで、利用者がどの企業のどのようなサービスのＱＲコードを利用しているかを視認することが可能になった。

デンソーウェーブは、こうしたＱＲコードのデザインを配置できる割合を引き上げたいという利用者からの声に応えてフレームＱＲという新コードを発表した。アライメントパターンやタイミングパターンといった読み取り精度を補正する目印を工夫することで実現できた。

ＱＲコードの進化の最大の課題は、セキュリティにある、と原は言う。セキュリティを高めることで人々はＱＲコードを安心して利用してくれるようになり、さらに利用者の数が拡大していくという展開を予想しているのだという。

最近ではセキュリティを高めるために、ＱＲコード単独ではなく、他のセキュリティ技術と組み合わせることで、一層高いセキュリティを実現しようという試みが始まっている。フレームＱＲは、実はそうしたセキュリティ技術との組み合わせという発想から生まれたものだった。

デザイン性とセキュリティ強化を組み合わせる

デザインＱＲでは、コードの三〇％までしかデザインを配置することができない。農業関連のベンチャー企業のＵＰＦＡＲＭはそこに不満を感じ、ＱＲコードのもともとの開発企業のデンソーウェーブに三〇％以上の空間にデザインを配置したいと協力を求めてきた。

ＵＰＦＡＲＭは、コメの生産地から販売店までの流通経路や作業の記録をホログラムが入った（フレーム）ＱＲコードに格納することで、信頼性の高いトレーサビリティを実現できると考えたのだ。ホログラムは偽造、複製がきわめて難しいため、ホログラムをＱＲコードに配置できれば偽造、複製の心配なく情報の格納、閲覧ができるというわけだ。

デンソーウェーブは、ＵＰＦＡＲＭの依頼に対してフレームＱＲを開発し、デザインＱＲとＳＱＲＣの新しい形を示した。

セキュリティ技術を組み合わせる

ＱＲコードと他のセキュリティ技術との組み合わせでセキュリティの向上を図る他の事例としては、鹿児島銀行の興味深い試みもある。ＳＱＲＣにＮＥＣの顔認証技術を組み合わせたもので、印鑑を使わずに預金を引き出せるようにするというものだ。

実証実験されたのは二〇一七年一一月だ。預金者の顔の特徴に関する情報を事前にSQRCの非公開領域に格納しておき、預金引き出し時にその場で撮影した利用者の顔をSQRCのデータと照合して顔認証するという仕組みだ。オフラインで顔認証でき、個人情報をコンピュータネットワーク上のクラウドやホストコンピュータ側に保管しないため、情報漏洩のリスクも軽減できるという長所がある。

「フレームQRが普及するかどうかや、セキュリティを強化する新しいQRコードがどのようなものになるかは現在、試行錯誤の最中なのでわかりません。しかし、QRコードがこれだけ海外に普及した状況では、実は私やわが社が把握しきれていない新しいQRコードの形や用途がたくさん出てきているはずです。これからのQRコードのキーワードは、セキュリティだと私は思っています」と原は語る。

命を守るホームドア――東京都交通局の都営浅草線の事例

本章の締めくくりに、最新の動きを二つ紹介しよう。(5) 両事例とも、デンソーウェーブ以外のユーザー企業がQRコードの新しい用途を開発したものだ。しかも、用途開発したユーザーは、これまでの多くの場合と同様、世界的に見ても先端性を誇る業界に所属する企業だった。

世界が驚く時刻表どおりの運行

日本の鉄道を視察に来る外国人、とりわけ旅客輸送事業会社に勤める人間にとって、鉄道運行の正確さは驚異的、あるいは奇跡的なものに映るらしい。分刻みで予定された電車が時刻どおりに高頻度で駅に到着し、出発していく。それが秒単位の誤差でほぼ遅れなく毎日運行していることに驚くのだ。都心に住む人の中には、朝、自宅を出る際、目の前を走る列車が駅を出る様子で、「よし、今、午前七時三分だ」と列車を時計代わりに使う人もいるぐらいだ。

ＱＲコードを使った駅ホームドアの仕組み

鉄道事業会社にとって、時刻表どおりに運行することが重要であることは当然だが、その前に大事なのは、駅構内の乗降客の安全が確保されていることだ。東京都交通局は都営地下鉄浅草線で駅の利用客に対し、安全性を高める新しいシステムを二〇一九年一〇月に新橋駅から運用開始し、その仕組みのキー技術にＱＲコードを採用している。

ちなみに、この仕組みはシステムを都交通局と浅草線で共有する京浜急行によって、他路線ですでに運用されている。しかし、開発したのは都交通局とデンソーウェーブで、浅草線での運用を念頭に置いたものだった。

都交通局がデンソーウェーブと共同開発したこの仕組みは、編成車両数やドアの数が異なる車種でも車両ドアに貼り付けたＱＲコードを駅ホーム上部に設置したカメラで読み取ることで、

図 4-2 ●東京都交通局とデンソーウェーブが開発したホームドアの仕組み

出所：デンソーウェーブ、東京都交通局

ホームドアの開閉制御をするというものだ（図4-2）。

カメラが読み取るのは、車両ドアのガラス部分に貼り付けたQRコードと同コード自体の横方向の動きだ。QRコードには列車の車両数、扉の数、事業会社名、車両番号、一編成（一列車）での何両目かを示す車両順序といったデータが格納されている。

列車が駅構内に入ってくると、車両ドアのQRコードをカメラが読み取り、どの事業会社の何両編成の列車で、一両当たりドアがいくつあるかを判別したうえで、列車のドアが開くのを確認し、該当するホームドアを開閉する。

駅ホームドアでかかわった仕事

開発に携わった東京都交通局車両電気部信号通信課の岡本誠司は一九六〇年生まれ。一九八三年に電気通信大学、現在のⅡ類に近い電気通信学部を卒業後、東京都庁に入庁した人物だ。一九九一～九四年に下水道局に勤務した以外は、二〇一九年一二月末現在までもっぱら交通局で鉄道事業にかかわってきた。

ホームドアが設置された駅の運行にかかわった最初の仕事は、株式会社ゆりかもめに出向したときで、ゆりかもめの駅にはホームドアが設置されていた。その後、岡本は三田線、大江戸線、新宿線とホームドア関連の仕事を担当する約三名のチームの一員として、現在まで働いている。

岡本がホームドアの重要性を強く感じたのは、一九九九年に公益財団法人交通エコロジー・モビリティ財団が主宰した研究会に参加したときだった。研究会は東京大学の曽根悟教授が委員長を務めるもので、高齢者や障碍者の公共交通機関での移動をより円滑化するために議論、調査するものだった（成果は「公共交通ターミナルのバリアフリー度評価報告書」として二〇〇二年三月にまとめられている）。

そこで岡本は、視覚障碍者のほぼ全員が、ホームへの転落経験があるという事実を知り、とても驚いた。

当時、岡本は翌年の二〇〇〇年に予定されていた相互直通の仕事に携わっていた。都交通局の三田線は、営団地下鉄（現・東京メトロ）南北線、東急目黒線と相互直通になることが決まっており、南北線がホームドアをつけたワンマン運転を行っていたという事情から、三田線でも南北線の設備と装置を導入することになった。

取り組んだテーマは、まずホームドアの高さについてだった。南北線のホームドアは天井まで完全にホームを被るフルハイト（フルスクリーン型）と呼ばれるものだった。これでは費用がかかりすぎると考えた都交通局は、三田線では安全性を確保しながらホームドアの高さを下げる実験を繰り返すことになる。その結果、高さ一三〇センチのハーフハイトタイプの可動式ホーム柵を開発し、三田線にホームドアを設置する際に導入する。

三田線では、扉の開閉のためにホームドアと車両の間を通信する南北線の仕組みをそのまま導入した。この仕事で岡本が学んだのは、ホームドア導入のために設備を入れ、車両を改造するのには多額の費用が発生すること、特に車両の改造には、一編成（一列車）当たり数千万円の費用が必要となることだった。

三田線にホームドアを設置するのは、南北線と同じワンマン運転をするためだった。しかし、新システムの運用開始後、反響が大きかったのは、利用客である視覚障碍者の方たちからのものだった。ホームドアを設置してくれたおかげで、駅ホームをやっと安心して歩くことができるようになったと感謝され、他の路線でも導入してほしいという要望が寄せられるようになったのだ。

人命を救うホームドア

ホームドア設置の効果は、他にもあった。三田線でホームドアを設置する以前には年間一〇件以上あった人身事故がほぼゼロになったのだ。酔った乗客が線路に落ちることがなくなったことに加えて、列車への飛び込みがほぼ見られなくなったのだ。

「列車への飛び込みはほとんどの場合、ホームドアのような障害物があれば、防げるのです。ホームドアを越えてでも飛び込むという強い意志をお持ちの方はほとんどいらっしゃらないのです」と岡本は説明する。

こうして最初はワンマン運転のためというホームドア設置の目的に、駅ホーム利用者の安全確保という視点が加わるようになり、その後、後者の目的がむしろ強調されるようになる。人身事故がほぼゼロになるということで、視覚障碍者だけでなく与党、野党問わず政治家からも、「人命に代わるものはないのだから、ホームドアをどんどん設置していくべきだ」という声が発せられるようになったのだ。

さらに、国もこの動きに呼応するように、ホームドアをバリアフリーの一つと位置づけ、設置を積極的に推進するようになっていく。

こうした流れの中で、都交通局はホームドア設置に向けて積極的に動いていた。二〇〇九年から二〇一〇年ぐらいにかけて、交通局長から「全線全駅にホームドアをつけるんだ。検討せよ」という指示が出たのだ。「全線全駅ということは、浅草線も含まれ、いずれ設置することになる。なんとかして浅草線でもホームドア設置を実現せよ、ということだな」と岡本は局長からの指示を聞いて思った。

浅草線の難しさ

実は浅草線は、東京都交通局がホームドア設置の際に採用してきた車両を改造するやり方ではうまくいかないことが明白だった。

浅草線は五社（都交通局、京浜急行電鉄、京成電鉄、芝山鉄道、北総鉄道）が相互直通運転していて、都交通局は二七～二八編成なのに対して、他社は三〇〇編成も運行していた。しかも、ホームドアを設置しているのは京浜急行だけで、羽田空港国際線ビル駅の一駅だけだった。

こうした状況で、他社に対してホームドア設置のために、一編成当たり数千万円かかる車両改造を要請し受け入れてもらうことは難しいと考えるのが自然だ。

実際、これら五社は相互直通運転をしている関係上、部門ごとの連絡会で定期的に会う。その折に話題にするのだが、「（ホームドアが）つくといいですね（でも、なかなか難しいですね）……」という感じで、いつも話が終わっていた。では、どうするか？　岡本は頭を抱えた。

ホームドア設置の選択肢

とはいえ、何もしないわけにはいかない。浅草線にホームドアを設置する方法と、それに合わせて設置するためには、どのような条件を満たす必要があるかを検討することにした。

最初に考えたのは、車掌がホームドアを手動でスイッチ操作する方法だ。車両のドアとホームドアの扉を操作するやり方で、結論としては不可能ではないが、満足できる方法ではないというものだった。駅ホーム、車両、車両、ホームドアを全部確認して開閉し、発車となると一駅当たりの停車時間が延びすぎてしまうのだ。

複数の会社が利用する駅ホームでのホームドア設置の条件についても検討していった。その結果、ホームドアを設置するために必要な列車の停車位置の幅の設定、車両規格とホームドア規格の設定を行い、これなら他の四社も納得してくれるだろうと思えるものを準備するところまではできた。

こうした作業を行ったうえで最後に残ったのは、編成長（列車の長さ）の違いと車両のドアの数の違いを認識して、列車とホームドアの扉を制御する道具として何を採用するかという点だった。

岡本らのチームは、考えられる選択肢をすべて検討していった。簡単なもので、データがある程度読めて、読み取りが速くて、読めたらそれが確実である（誤りがあった場合、特定し訂正できる）、しかも、読み取りの対象物が安価なものという条件だ。

ＩＣチップに糊をつけて貼る。バーコードをペンキで描く、あるいはドアに印刷する。扉そのものの有無をカメラで画像認識する。ライダー（ＬＩＤＡＲ：Laser Imaging Detection and

Ranging）で位置関係を見る。残念ながら、どの方法も、帯に短し襷に長し、で決定打にならなかった。気がつけば、四〜五年の月日が経っていた。

劇的に下がる車両改造費用

最終的に岡本らのチームがたどり着いたのは、ＱＲコードを使うという案だった。ＱＲコードならデータを格納できるので、編成長の違い、ドア数の違い、こういったものを格納し、読み取ることができる。

そして、どの位置（場所）でＱＲコードを読めたかという情報を使えばドアが閉まっている、開いている、閉まりかけている、開きかけているといった動きを捉えることができる。また、データの正誤を判別し、間違っている場合、それを正しい情報に訂正する誤り訂正機能も持っている。

さらにありがたいことに、ＱＲコードの導入は低コストで済む。同コードを採用すれば大がかりな車両改造は必要なく、シールをドアの窓に貼るぐらいで済む。実際、ＱＲコードを貼り付け、駅ホームのカメラで読む方式の導入費用は、車両単位で見て、劇的に下がり、一万分の一になる。これならば他の鉄道会社にも採用してもらえるのではないか、と岡本らのチームは考えた。

デンソーウェーブへの声掛け

ＱＲコードを使うことを思いついた岡本は、まずは実行可能性を検証するために基礎的な実験をしようと考えた。

結果的には、自らの事業も参加している日本鉄道技術協会の中の特定部会である、日本鉄道サイバネティクス協議会にデンソーウェーブが参加していることを知り、部会に参加している局員を通じて同社に基礎実験への参加を呼び掛けることにした。二〇一二年のことだ。

デンソーウェーブは岡本の説明を聞き、非常に大きな関心を寄せ、ぜひ、やりましょうということになった。

ｔＱＲの開発

最終的に都交通局とデンソーウェーブは新しいＱＲコード「ｔＱＲ」（toughness QR）を開発する。人影や乗降客が持つ荷物が作る陰影が、コードの読み取りに支障をきたす場合や列車が屋外に出た場合や、夕日など太陽の光が生み出す影がコードの読み取りを妨げる場合に、対処するための誤り訂正可能な範囲をもともとの三〇％から五〇％まで引き上げたのだ。コードの中で影がある部分とない部分、どちらか優位な割合を占めているほうをｔＱＲではリーダーが読み取り、誤りを訂正して正しい情報に変換する。

都交通局の提案から生まれたｔＱＲは、用途が新しいだけでなく技術的にも新しい進化の可能性を秘めている。浅草線は地下鉄だから屋外を走るわけではないが、日本の列車でも利用できるコードにしたい、日本の鉄道会社で広く利用してもらいたい、と都交通局が考えた結果だと岡本は語る。

ｔＱＲのシールを列車のドアの窓に貼り付けるだけでよい。導入コストの低さが功を奏して、浅草線に相互直通する他の四社はｔＱＲの仕組みの導入を承諾してくれた。前述のとおり、京浜急行に関しては自社のホームドアに対して、仕組みそのものを浅草線に先駆けて導入し、運用した。

国の政策による追い風

浅草線へのホームドア設置が他の鉄道会社からの大きな抵抗もなく円滑に進んだのは、国の政策と無縁ではなかった。

近年、ホームドア設置に対する追い風が吹き始めていたのだ。二〇一五年に国土交通省による第四次社会資本整備重点計画が発表され、日本全国の一〇万人以上の乗降客がある駅すべてに、二〇二〇年までにホームドアを設置するという指針が出された。

同計画の発表で、ホームドア設置に国から補助金がつくことになり、鉄道会社のホームドア設置を後押しするようになった。一〇万人以上の乗降客を抱える駅を持つ鉄道会社はホームドア設置を義務づけられ、さらに当該駅以外の駅にもホームドアの設置を検討する鉄道会社が出始めている。

tQRが、日本の鉄道会社の駅ホームの安全性確保に大きく貢献する可能性が見えてきているのだ。

中国でのQRコード決済の普及

QRコードに関するもう一つの最新事例として、中国のものを紹介しよう。本書の「はじめに」で紹介したように、現在、中国では決済のほとんどがQRコードを使って行われている。QRコード決済のこうした急激な普及を当事者として体験した日本の企業がある。富士電機株式会社だ。[6] 同社は日本の自動販売機メーカーの最大手で、中国でも二〇一五年に自動販売機市場の約七割のシェアを握るトップメーカーになっている。

中国の自動販売機でスマホを使った電子マネー（キャッシュレス）決済が始まったのは、二〇一二年頃だった。アジア最大の消費者向け通販サイトの「淘宝網（Taobao.com）」を擁するアリババグループのアリペイが、電子商取引から実店舗での取引に進出する際に注目したのが、タクシーと自動販売機だった。

「タクシーと自動販売機、共に実体（リアル）経済で稼働している台数が多かったところがポイントだったのではないでしょうか。自動販売機は中国のリアル経済でタクシーの次にQRコード決済が普及しました」と富士電機食品流通事業本部の村木孝之は説明する。

二〇一二年頃までの中国では、日本に比べると自動販売機は十分普及しているとはいえなかった。硬貨の流通は華東地区のものがほとんどで、紙幣は傷みが激しくて自動販売機で読み取れる率（受入れ率）が高くなかった。貨幣を投入しても、なかなか自動販売機に受け入れてもらえず、ストレスを感じ、購入意欲がなえてしまう状態だった。

現金以外についていえば、中国で普及しているクレジットカードは銀聯カードのみ。日本のＪＲ東日本のSuicaのような交通系ＩＣカードは存在していたが、地域ごとに規格がバラバラで統一されていなかった。つまり、自動販売機と相性の良い少額決済に適した決済用カードは存在していなかったということだ。そうした状況で登場するのが、ＱＲコードを使ったスマートフォンでの決済だった。

とはいえ、最初からＱＲコード決済が電子マネー対応用にスマホで採用されたわけではなかった。最初に採用されたのは「音波」だった。購入手順は次のとおりである。

飲料を購入しようとする消費者がアリペイのサイトにスマホでアクセスすると、サイトを通じて自動販売機との通信用の音波がスマホから流れる。その音波を自動販売機が聞き取り、購入者のアリペイの口座を確認したうえで決済を完了するのだ。

残念ながら、この方式はうまくいかなかった。スマホから出る音波に対する自動販売機側の聞き取り精度が十分ではなかったからだ。音波を自動販売機に聞き取らせようとしても、エラーが多発したという。音波式は、開始から数年で姿を消すことになる。

音波式の代わりに自動販売機との通信手段として白羽の矢が立ったのが、ＱＲコードだった。電子マネー対応をＱＲコードを使って先行展開したのは、ウィーチャット（ペイ）だった。

中国ではパソコンよりスマホを使ったネット利用が多く、スマホではサイトのＵＲＬを手入力するよりも、二次元コードをカメラで読み込んでネット接続するほうが便利だった。ウィーチャットペイはそこに注目し、電子決済でＱＲコードを採用していたので、自動販売機でも同じ方式を採用したのだ。

ウィーチャットペイによるＱＲコード支払いの手順は、おおむね次のようなものだ。欲しい商品を自動販売機で指定する。すると販売機に備え付けられた電子画面にＱＲコードが表示される。そのコードをスマホで読み取り、支払いが終わると、商品が取り出し口に出てくる。

ＱＲコード方式のほうが音波式よりコードの認識精度が格段に良く、消費者がストレスなく自動販売機で商品を購入できるので、アリペイはウィーチャットペイのＱＲコードを使った自動販売機の仕組みを後追いした。

ちょうどその頃、販売機に電子看板を付けて画面に広告を表示し、広告主企業から広告料をもらって収益源としようとする自動販売機運営企業が登場し始めていたことが追い風となった。電子画面が販売機の標準仕様になりつつあり、そこにＱＲコードを表示するだけでよかったからだ。

自社の決済システムを自動販売機で普及させるために、当初、アリペイは同社のシステムを使った消費者に割引クーポンを電子的に発行する販売促進プログラムを自動販売機運営企業に提供した。また、既設の自動販売機をアリペイ対応にするモジュール端末の費用をアリペイは一定台数まで負担した。

さらに同社は、自動販売機運営企業が必要と考えれば、購入者の属性や購入商品を販売実績と紐づける自動販売機の売上管理システムを構築できる環境を提供した（デジタル情報を使った客層分析、売れ筋分析、在庫管理がほぼリアルタイムにできるようになった）。

こうしたことは自動販売機運営企業の立場からすると、良いことずくめだった。まず、アリペイの予算を使って（既設の自動販売機をアリペイ対応に改造できるうえに）電子クーポンを発行し、利用客を増加させることが期待できた。

また、利用者にストレスを感じさせることなく商品が購入できる購買環境を提供できるようになった。さらに、顧客の購買行動分析ができるようになるので、売上と利益を引き上げる強力な道具を手にすることができるようになった。

「QRコードで支払いができる自動販売機はあっという間に広がりました。二〇一三年八月にウィーチャット（ペイ）がサービスを開始して自動販売機でQRコード決済ができるようになったこともあり、二〇一六年にQRコード対応自動販売機が急激に増加しました。二〇一八年になる頃には、ほぼ一〇〇％の中国の自動販売機がQRコード決済対応になりました。最近の自動販売機の中には、現金の投入口がないものが出始めているほどです」と村木は語る。

余談になるが、QRコード決済が普及した中国では、新しいタイプの飲食店が登場しているという。入店した客は、空いているテーブルを見つけてそこに座り、卓上POPに印刷されたQRコードをスマホで読み取る。すると、店のサイトに画面が飛んで、そこに表示されるメニューを見ながら客は注文をする。店員は注文された品を運んでくるだけだ。支払いはすでにネット上で完了している。

飲食店は、注文係やレジ係をする店員の人件費を節約することができる。また、メニューを表示したり支払いに使う端末は来店客のスマホなので、接客用の端末費や通信費は自店負担でなく客負担になり、投資を節約できる仕組みになっている。

こうしてQRコード決済の普及は、中国では決済を超えた大きな変化を生み出しつつある。

＊＊＊

ここまでQRコードの普及と進化をたどってきたが、QRコードは原やデンソーウェーブの手を離れて進化し、自走を見せている。今後は、これまで以上に想定外のQRコードの利用法や技術進化が、デンソーウェーブ以外からも多く生み出されるかもしれない。その動向から、私たちはこれからも目を離せないだろう。

結章
QRコードを通じて経営を考える
――革新の神が宿るところ

これまでのＱＲコード物語の振り返り

最終となるこの章では、まずこれまでの話を振り返ってみよう。

ＱＲコードの登場は、先代コードにあたるバーコードについて語ることなしに説明することができない。バーコードはトヨタ生産方式を効率的に管理するために一九七〇年代に採用された。かんばん方式で採用されたバーコードの仕組みを開発したのはデンソーだ。

トヨタかんばん方式の父と呼ばれている大野耐一が著した『トヨタ生産方式』（ダイヤモンド社、一九七八年）の五二ページには「かんばん」の一例の写真が掲載されている。[1] そこで紹介されている「かんばん」には、すでにバーコードが印刷されている。

日本では、一九八二年にセブン‐イレブンが取引企業に、取扱商品にバーコードを印刷することを要請するようになって一気に普及したが、トヨタでは、それよりはるか前に生産システムでバーコードを活用していたのだ。そのバーコードは、ＮＤコードと呼ばれるものだった。

かんばん方式では、約三万個の膨大な数の部品を多くのサプライヤーから仕入れ、生産ラインに運び、足らなくなれば適量を発注することが求められる。大量の部品を必要なときに必要な量だけ、必要な場所に運ぶことで効率的に自動車を生産するトヨタ生産システムの無駄な手間を省き、情報転写の精度を上げる道具として採用されたのが、ＮＤコードとバーコードリーダーの仕組みだった。

一方、日本のコンビニエンスストアで単品管理を行うため、バーコードを読み取り、レジ決済を行うPOSレジを採用したのがセブン‐イレブンだった。セブン‐イレブンはレジでの入力作業を効率化するためだけでなく、そこで発生するデータを世界で初めてマーケティングにも活用した。

一年で店頭の七割の商品が新商品に入れ替わる中で、多様化する消費者の欲望を満たす商品を売り逃しなく店頭で販売する。単品管理の道具として、バーコードとバーコードリーダーは、今でも大手コンビニで利用されている。そのバーコードリーダーを供給していたのがデンソーだった。

「かんばん」に印刷されたバーコードや、コンビニで販売される商品（のパッケージ）に印刷されたバーコードを読み取るのは、われわれが想像する以上に難しい。「かんばん」や商品パッケージにはバーコードだけが印刷されているわけではないし、バーコードに汚れが付着したり読み取り位置がずれたり、バーコードの印刷場所が曲面だったりすることもある。

ＱＲコードは多様な読み取り環境で、読み取る人を選ばず、大量であっても高速で正確に読み取れる必要がある。そのために必要な多様な事例を、デンソーはトヨタとセブン‐イレブンの現場から学び、読み取る技術を蓄積し、ＱＲコードの開発に役立てることができたのだ。

一次元シンボルのバーコードが持つ限界から生じる課題を解決するために新しい二次元シンボル、ＱＲコードは生まれることになる。一九八〇年代に入って自動車業界各社は、消費の多様化、競争の激化、国際化に対応しようと部品や車種を多品種化した。

その結果、かんばん方式の一工程で処理すべきバーコード数が飛躍的に増加してしまい、現場が悲鳴をあげたのだ。新しい二次元シンボルの開発の責任者となった原昌宏は、既存の二次元シンボルの設計に決定的に欠けているのが、コードの読み取り場面に対する配慮だと見抜き、行き着いた結論は、切り出しシンボルの開発こそが鍵を握るというものだった。

ところが、開発の方向性が決まっても、切り出しシンボルの具体的な形が簡単に浮かぶわけではなかった。突破口になったのは、原が自らの経験を通じて開発方針の原点としていた「迷ったら考えるだけでなく、手を動かす」ことだ。

集められた膨大な印刷物についてのデータから浮かび上がってきたのは、1：1：3：1：1という黄金比で、■枠、□枠、■枠が外から内、内から外に1：1：3：1：1の線幅の割合で並ぶ独特の形をした切り出しシンボルだった。

ＱＲコードのＱＲは、「速く読める」(Quick Response)の頭文字から来ている。それは同コードの最大の訴求点が、黄金比からなる切り出しシンボルで実現した「速く読める」ことだと原たちが考えていたことを示すものだ。

ＱＲコードは、多くの企業や人々に広く利用してもらうため、標準化に力を入れた。

それはＮＤコードがトヨタグループ以外には普及しなかったことから学んだことだった。かんばん方式の良さを引き出すために開発されたＮＤコードは、特許を取得し、特許権を行使し、利用者からはライセンス料を受け取る道を選んだ。その結果、NDコードは企業グループや業界を超えて普及することはなかった。

そうした過去の事例を参考に、デンソーはQRコードを特許の権利行使をせず、無料での利用を認めるパブリックドメインとし、標準化することを宣言した。NDコードでの反省と自動認識業界で標準化するためには、パブリックドメインを宣言することが条件だったことから、QRコードではコードの仕様を公開し、特許権を行使しない方針を発表したのだ。

今の言葉でいえば、オープンソース化したということだ。オープンソースという用語が一九九八年、クリスティン・ピーターソンによって提案されたことから考えると、オープンソースの展開とほぼ同時期、あるいは先んじていた動きだったといえるかもしれない。

デンソーはQRコードのユーザーを世界的に増やすことを念頭に、同コードが国際自動認識工業会（AIMインターナショナル）規格や国際標準化機構（ISO）といった国際規格に制定される努力も怠らなかった。QRコードの利用者増、認知度向上、利用者による用途の開発、そして利用実績の蓄積。こうした標準化から普及に向けた展開を期待したのだ。そして、その期待は現実のものとなる。

実際に、デンソーにとって思いもよらなかった利用法がQRコードの普及を加速した。一例がQRコード普及のきっかけになった、携帯電話のカメラによるQRコード読み取りを通じた企業ホームページへのリンクだ。シャープが開発したカメラ付き携帯でQRコードを読み取れば、ボタンで都度ＵＲＬを入力しなくても企業ホームページに簡単にアクセスできるようになったのだ。

携帯電話のカメラでＱＲコードを読み取り、企業サイトにつなげるというサービスは、その後、スマートフォンにも引き継がれ、中国でのＱＲコードによるモバイル決済へとつながっていくのである。

ＱＲコードは他にも、航空旅客輸送や鉄道といった分野のサービスでの革新的変化を生み出すための構成要素として重要な役割を演じている。通信、交通、決済といったインフラにおける静かな革命のキー技術としての地位を占めるようになっているのだ。

総合芸術としての企業経営

本書ではＱＲコードの源流となる歴史、ＱＲコードの開発、標準化、そして、進化といった過程を見てきた。全体を眺めたことで気づくことがある。

まず、ＱＲコードの必要性の誕生、標準化、普及といった各段階で異なる人物が中心となり、活躍していたのが印象的だ。一人の天才経営者がＱＲコードの潜在的価値に気づき、開発し、見事なマーケティングによって普及させたというストーリーは、そこには存在しなかった。

世界的に広く利用されるようになっている今のＱＲコードの姿を実現させた功労者は誰かと

聞かれても、一人だけを挙げることはできない。QRコード開発を主に担ったのは原昌宏だったが、岡本敦稔、野尻忠雄、柴田彰やNDコードというQRコードの源流にまでさかのぼれば、野村政弘の貢献も無視するわけにはいかない。

QRコードの世界的普及は、それぞれの段階で個性豊かな技術者が目の前の技術的課題をどんなことをしてでも解決しようとする、モノづくりにかける思いに突き動かされ、仕事にのめり込んでいった結果、実現したものだ。彼らの思いは純粋であり、本能的といってもよいほどのものだった。

企業経営は総合芸術だ。組織の中心人物の持論を構成する核ロジックになる因果の束が、時に恣意的に、時に職人的に組み合わされ、戦略が実行される。その結果、他の何者かでは実現できない経営現象が私たちの目の前に現れることになる。

交響曲の演奏で指揮者のタクトの動きに楽器演奏者が同期化し、美しい音色を奏でるように、企業では組織の中心人物の動きとその他の人々の活動が連動することで、新しい製品・サービスが開発され市場へと導入されていく。

QRコードの場合、一人の天才経営者が組織構成人に対してタクトを振るといった形でなく、それぞれの段階で中心人物となった者がプロジェクトチームに対しタクトを振り、複数の指揮者による演奏が奏でられたといえるかもしれない。

ラグビー型経営

それぞれの任務を果たした技術者たちは、互いに連携を図りながら、次のステップへと仕事をつないでいった。その姿は、さながらゴールエリアに向かってボールを回しながら走るラグビー選手のようだった。

自軍の走りを邪魔する敵の強力なタックルを受けながらも、ボールを落とさず走り、距離を稼ぐ。敵からタックルを受けそうになると、自軍の仲間が身を挺して守ってくれる。ボールをパスした後も仲間がインゴールにタッチダウンするまで、全力で一団になり、ボールを持つ選手とともに走り続ける。

モノづくりの精神でつながった集団によるラグビープレー的組織力が、ＱＲコードを世界的地位へと押し上げたのかもしれない。

経営学の分野で短いリードタイムで新製品を次々と開発する日本企業の製品開発体制の特徴を「ラグビー方式」と名づけ、『ハーバード・ビジネス・レビュー』で世界に発信したのは、知識創造理論の提唱者で世界的に名高い竹内弘高と野中郁次郎だ。[2]

一九八六年に発表されたこの論文の影響力は大きく、ジェフ・サザランド、ジョン・スクミニオタレス、ジェフ・マッケンナが同論文から着想を得て、スクラムという世界最先端のソフトウェア開発手法を生み出したほどだ。

同論文は、製品開発の局面に光を当てて、そこにラグビー的組織運営方式を見出したが、デンソーは問題の認識から開発、標準化、普及、市場開拓といった開発より広範囲で、長い時間のかかる活動をラグビー方式で組織化していたのだ。

ユーザー起点の革新

QRコードの開発や標準化・普及で、デンソーのエンジニアたちがモノづくり精神に突き動かされていたのは間違いないのだが、他方で活動の起点がユーザーの現場だったことも、動かしがたい事実だ。あんなものがあればいいな、こんな技術を開発したいな、といった現場と離れた技術者の内なる思いから開発が始まったわけでないことは、改めてここで押さえておいたほうがよいと思う。

QRコードは、自社工場の生産管理者からの要請に応じる形で開発は始まった。技術や製品の開発で一般に想定される「あなたの直面している問題はこれで、それを解決するのはこの製品（技術）ですよ」と開発企業がユーザーに製品を押しつけて購入させようとする（一般にマーケティングや営業と呼ばれる）、そういう過程からQRコードが生まれたわけではなかったのだ。

さらにさかのぼれば、QRコードの源流にあたるデンソーでのかんばん情報のバーコード化とバーコードリーダーの開発も、トヨタ生産方式を導入した際に生じた社内の問題を利用者の

立場で解決する中から生まれたものだった。(3)

しかも、ＱＲコードや同コードのリーダーの開発起点や有用性が見出される現場は、日本が世界に誇る最先端企業の現場だった。ＱＲコードの源流であるＮＤコードを含めれば、同コードは世界的な生産システムであるトヨタのかんばん方式から生まれたものだし、そこで読み取り技術を向上させたバーコードリーダーは、セブン‐イレブンの単品管理に出合い、さらに高い読み取り技術を獲得し、蓄積していった。

そうした技術をもとに開発されたＱＲコードのシステムは、その後も世界から、ミラクルだ、信じられないほどの品質だ、と称賛されるサービスを実現する中核技術として導入され、利用者を増やしていった。

当時、世界初だったインターネット接続サービスを行う携帯電話事業、正確な発着で定評のある航空機輸送、分刻みで運行される鉄道事業の仕組みが、自らの問題解決にＱＲコードを必要としたのだ。

これといった特徴のない企業や業界の現場から、ＱＲコードを鍵技術とする革命的変化が起こり、先進的な業界や企業がそれに追随するといった展開は、少なくとも本書で見てきた事例では見当たらなかった。革新的技術や事業モデルの着想を得るのは、世界の動きを先取りする業界や企業の現場が起点となるという視点は、私たちが考える以上に重要な視点かもしれない。

特許の無償開放と用途革新

既存技術の新しい用途を見つける、あるいは、既存技術の新しい変化方向を見出す方法として特許の権利行使をせず利用者に無料開放し、利用者を開発源泉とする選択肢があることをQRコードの事例は気づかせてくれる。

QRコードの源流にあたるバーコードの読取機の新機能に、納品時の店舗での検品機能を加えたのは、デンソーでなくセブン‐イレブンだった。毎年、七割近くの商品が入れ替わる店頭で、商品知識なしに検品を短時間で行うためにバーコードリーダーを使うという発想はデンソーには全くなかった。

ANAはQRコードを導入することで、空港での形式的なチェックインをなくし、実質上のチェックインを利用客の自然の動作の中に組み込み、同時に改札機関連のコストを大幅に削減した。

こうした利用者側の業務知識と組み合わせる中で初めて生まれたQRコードの導入機会は、利用者側に開発機会が開放されていたからこそ、生まれたといえる。中国で普及したQRコードによる決済も、デンソーウェーブ側では思いつかず、中国で普及した後、その存在や有用性に気づいたという。利用者が行う自社技術の用途開発をどのように開発企業が把握し、事業に活かせばよいのかという課題は残るが、特許の無償開放は既存技術を「再発明」する一つの選択肢になるはずだ。

標準化への取り組み方

特許の無償開放とセットで考えるものかもしれないが、QRコードの世界的普及の過程を見ていくと、QRコードを特定の業界や国単位で、あるいは業界横断的、国際的に標準化することがいかに重要であったかが痛いほどわかる。

一つの製品が、技術の複合的な組み合わせの中に組み込まれて性能を発揮する場合は少なくない。QRコードについていえば、QRコードの仕様だけが規格化されても、同コードの印刷品質に大きなばらつきがあれば、印刷されたコードすべてを読取機で読めるとは限らない。

身近な紙を例とすると、日本とアメリカだけを取り上げても印刷する紙の大きさの仕様は異なっている。こうした業界内だけでなく業界間、国家間で仕様を標準化していくという作業は、私たちが思っている以上に複雑であり、力業が必要なのだ。

市場原理だけで調整できる問題ではなく、カネ、人脈、交渉力といった政治的手腕が求められることが少なくない。自社製品の世界的普及を考えるなら、そんな状況でも技術の標準化を推し進められる人材や支援体制を構築し、維持する必要があることを本書の事例は教えてくれているのだろう。

規格外への取り組み方

余談になるが、ＱＲコードの標準化に尽力したデンソーの柴田彰から興味深い話を聞いた。小売企業向けのバーコードリーダーでデンソーは一時、圧倒的市場シェアを獲得していた。それはデンソーの技術者がどんな印刷品質のものでもリーダーで読む努力を怠らなかったからだという。

たとえば、あるアパレル専門店は、店舗ごとに商品に付けるバーコードを発行していた。一〇〇店舗を超える多店舗展開をしている企業だったが、バーコードを印刷するプリンターを各店舗の判断で決めていたので、印刷されたバーコードは微妙に店舗ごとで違っていた。そうした店舗ごとの「癖」を見つけてソフトウェアを調整し、読取機で読めるようにするため、全店からバーコードを集め、癖の傾向を分析し、読めるようにしていたのだという。

しかし、あるときから方針が変わった。デンソーではバーコードリーダーのソフトウェアを企業内で標準化する、それに従ってソフトウェアで顧客ごとのバーコードの読み取りを微調整することをやめるということにしたのだ。一九九〇年代初頭の話だ。

読取機で読めないのは、バーコードの印刷品質が悪いからで、悪い印刷品質のものは読まなくてよい。規格外の印刷コードは読む必要がない。そうなった瞬間に印刷コードは、どの会社の読取機でも読めるコードとなり、「どんな印刷コードでも読める」デンソーの技術優位はなくなってしまい、市場シェアが低下し、他社を圧倒するほどのものではなくなっていったという。

確かに、バーコードの印刷品質は業界や国単位で標準化されていたので、「規格外」の印刷品質のバーコードをなんとしてでも読むという必然性は、どこにもなかったのかもしれない。バーコードリーダーのソフトウェア開発の生産性を上げるため、印刷品質が規格外で読めないバーコードは読まず、ソフトウェアを利用企業横断的に標準化するというデンソーの当時の判断を否定する材料があるわけではない。

他方でデンソーのバーコードリーダーの強さは、他のどの企業のリーダーも読めないバーコードを「読んだ」というところにあった。トヨタ自動車の工場やセブン‐イレブンの店頭など、次代を先取りする「規格外」の読取性能を求める現場からのシグナルを受信し、ソフトウェアで調整しながら規格外バーコードを読んだところに優位性があったのだ。

製品仕様や印刷品質の仕様が標準化されていることが遠因となって、デンソー（ウェーブ）はリーダーの読取性能を他社比較で断トツであり続ける機会を自ら閉じてしまったのかもしれない。

柴田の話は、技術仕様の業界内や企業内標準化が、企業の目標技術性能を規格内に押し込めることになり、自社の技術優位を削いでしまうことがあることを示唆している。技術標準の成立は、開発企業に順機能を与えるだけでなく、時に当該企業の技術開発に対して逆機能効果を与えることもある。その怖さが柴田の話から伝わってくる。

両利きの経営

デンソーのQRコード（そして、その源流となるNDコード）の開発と新規事業化は、既存と新規事業の複数事業間に起こる問題に対処するポイントを考えるうえで示唆的だ。

QRコード（そして、同コードのリーダー）は、デンソーの主流事業の中から生まれてきたものではなかった。デンソーはトヨタ系自動車部品の世界的大手メーカーだが、QRコードを開発した部隊は、非自動車系事業に携わる人たちだった。

経営学では、企業が長期に生存するには主要事業のやり方を深掘りするだけでなく、それとは全く異なる未知の事業、仕組みを探索する両利きの経営を行わないといけないと説かれている[4]。まさにデンソーは、意図しない形で両利きの経営を行っていたのだ。

防波堤になる経営者の存在

デンソーでは、主流（自動車）事業でない非自動車系事業の経営は、研究開発部（技術）の役員の担当になる。歴代の技術担当役員の中で特筆すべき人物が二名いる。一人が戸谷深造で、もう一人が太田和宏だ。

戸谷は通産省電子工業課の課長で、日本の半導体産業を育てるために苦労した人物だった。一九七一年に入社後、一九七三年に取締役、一九七七年に常務、一九八三年に専務に就任した後、八七年に退任している。戸谷は技術担当役員として、岡本、野尻、野村が所属する電子応用機器事業の擁護者であり続けた。

「戸谷さんは、研究開発部の担当役員など、非自動車と呼ばれた部門の擁護者でした。私自身一〇年あまり、車と関係ない自動認識など何でも好きにやれたのは、戸谷さんのおかげと感謝しています」と、野尻は戸谷について語っている。

NDコードの発明者であり、戸谷の部下でもあった野村政弘も、戸谷のことを思い出し、次のように語る。「戸谷深造様のことですが、今、思い出しても熱いものが込み上げてまいります。ひょっとしたら、私の人生も戸谷様がいなければとんでもない（ひどい）ことになっていたのではと思われるほどのお方でした」

ちなみに、バーコード型かんばんシステムのメンテナンスと外販をする子会社として設立されたSKKは、戸谷が作った会社だ。トヨタのかんばん情報をバーコード化し、トヨタグループに展開する後ろ盾になったのが戸谷であり、バーコードリーダーをセブン‐イレブンをはじめ、コンビニエンスストアに外販する事業の後ろ盾になったのも、戸谷だったのだ。

同じ意味で、デンソーの副会長だった太田和宏も、技術担当役員で非自動車事業の擁護者だった。太田は一九三二年生まれで、一九五四年に名古屋大学工学部を卒業した後、日本電装に入社。一九八二年に取締役に就任し、常務（一九八七年）、専務（一九九一年）を経た後、一九九三年に副社長となり、そして、一九九六年に副会長に就任し、一九九九年に退任した人物だ。

本書で紹介したように、QRコードの標準化にあたって柴田が自由に動けるように予算を確保したのがこの太田だった。「太田さんに報告に行ったり、太田さんが私たちの部署に来られたときに励ましをくださることが多々ありました」と柴田が描く大きな絵の下で、標準化を進める現場の実務を担っていた辻本は語っている。

新規事業に主流（既存）事業のやり方を押しつけず、主流（既存）事業からの過度の介入に対して防波堤になる上司の存在は非常に重要だと経営学の文献は教えているが、デンソーについても、まさにその知見を支持することが起こっていたのだ。

革新の神は局所に宿る

本書は、QRコードの源流から始まって普及と進化に至るまでをかなり詳細に記述してきた。観察対象を個人に設定し、QRコードを開発、普及させていった中心人物たちがどのような活動をしたのか、なぜそのような活動をするに至ったのかを記述してきた。そんな細部にこそ革新活動の本質が表れていると考えたからだ。

その結果、見えてきたのは、「革新の神は局所に宿る（The God of Innovation dwells locally）」ということだ。トヨタ自動車でなく部品供給企業のデンソーで「かんばん」の電子化は起こり、ＮＤコードやＱＲコードとその読取機は、ＩＴ企業でなく自動車部品企業で誕生した。

また、両コードの読取機開発の起点は、製品開発部でなく工場だった。さらに、コードや読取機の新用途の開発はメーカーでなく、しばしば世界最先端の業務遂行を追求するユーザーによって行われていた。細部にこそ、そして、局所にこそ革新の神は宿る。その点を指摘して本書を閉じることにしよう。

あとがき

本書を執筆するにあたって、多くの方のご協力があった。株式会社デンソー、株式会社デンソーウェーブの関係者の方々には、多くの時間をインタビューのために取っていただいた。

特に、デンソーウェーブ代表取締役社長の中川弘靖氏、取締役の都竹仁氏、執行役員の金森淳一郎氏には、大変お世話になった。取材の手配など、これ以上はないと思えるほどのご支援をいただいた。また、日本大学商学部教授の水野学氏、堀口海運株式会社代表取締役社長の堀口悟史氏には、ドラフトの段階から丁寧なコメントをいただいた。以上の方々には、心よりお礼申し上げたい。

あわせて、ＱＲコードのユーザー企業の方々からも、取材に対して多くのご協力をいただいた。そして、東洋経済新報社の出版局の佐藤敬氏には、出版に際してアドバイスやコメントをいただき、とても読みやすい書籍に仕上げていただいた。ここに感謝の意を表したい。

いる。

6. 2019年8月21日、富士電機株式会社食品流通事業本部の村木孝之氏と中村真悟氏への聞き取り。

【結章】

1. 大野耐一(1978)『トヨタ生産方式——脱規模の経営をめざして』ダイヤモンド社。

2. Hirotaka Takeuchi, and Ikujiro Nonaka (1986) "The New New Product Development Game." *Harvard Business Review*, Jan.-Feb, pp.137-146。より体系的な議論は、Nonaka Ikujiro, Hirotaka Takeuchi (1995) *The Knowledge-Creating Company*, Oxford University Press (野中郁次郎/竹内弘高『知識創造企業』梅本勝博訳、東洋経済新報社、1996年)。スクラム開発については、ジェフ・サザーランド『スクラム——仕事が4倍速くなる"世界標準"のチーム戦術』(石垣賀子訳、早川書房、2015年)を参照してほしい。

3. ここでの利用者(ユーザー)起点の革新活動について経営学的に理解したい読者は、Eric von Hippel (2017) *Free Innovation*, The MIT Press(エリック・フォン・ヒッペル『フリーイノベーション』鷲田祐一監修・訳、白桃書房、2019年)をお読みいただくか、いささか手前味噌ながら、小川進(2013)『ユーザーイノベーション——消費者から始まるものづくりの未来』東洋経済新報社を参照されたい。

4. Charles A. O'Reilly Ⅲ and Michael L. Tushman (2016) *Lead and Disrupt: Howto Solve the Innovator's Dilemma*, Stanford Business Books(チャールズ・A・オライリー/マイケル・L・タッシュマン『両利きの経営——「二兎を追う」戦略が未来を切り拓く』入山章栄監訳、渡部典子訳、東洋経済新報社、2019年)。

(2019年6月7日)、野尻忠雄氏(2019年5月24日)、藤本直氏(2019年5月24日)。

2. 鈴木(2010)p.134。

3. 鈴木(2010)p.132。

4. 鈴木(2010)p.129。

5. アスキー(ASCII)とは、1963年に米国規格協会が定めた、情報交換用の文字コード体系。1967年にISOで定められたISO646とほぼ同じもの。7ビットで表現され、128種類のローマ字、数字、記号、制御コードで構成されている。柴田彰「QRコードの国際標準化Ⅰ」pp.12-13(https://www.shibata-library.com/qr-code/)。

6. ユニコード。アップル、IBM、マイクロソフトといったアメリカの情報関連企業が中心となって提唱し、1993年にISOでISO/IEC10646の一部として標準化された文字コード体系(柴田彰「QRコードの国際標準化I」pp.12-13[https://www.shibata-library.com/qr-code/]を参照)。

【第3章】

1. 本章の内容は、以下の聞き取りをもとにしている。原昌宏氏(2019年4月4日、5月29日、6月7日、6月17日、7月24日)、藤本直氏(2019年5月24日)、渡部元秋氏(2019年6月7日)、長屋隆之氏(2019年6月7日)、内山祐司氏(2019年6月7日)、柴田彰氏(2019年6月7日)、野尻忠雄氏(2019年5月24日)、辻本有伺氏(2019年5月24日、6月7日)。また、本章では「標準」と「規格」という言葉が登場するが、同じ内容を意味するものとして使用している。

2. 柴田彰「QRコードの国際標準化Ⅱ」p.1(https://www.shibata-library.com/qr-code/)。

3. 柴田彰「QRコードの国際標準化I」p.9(https://www.shibata-library.com/qr-code/)。

4. 鈴木(2010)p.137の原文の引用を筆者が一部、編集。

5. 鈴木(2010)p.137。

6. 以下の標準化の記述については、柴田彰氏がまとめている(https://www.shibata-library.com/qr-code/)。

【第4章】

1. 2019年7月24日の原昌宏氏への聞き取り。

2. ここでの内容は、2019年6月17日のシャープ株式会社の山本信介氏への聞き取りを参考にしている。

3. 2019年6月26日、全日本空輸株式会社の野村泰一氏への聞き取りを参考にしている。

4. 本章注1と同じ。

5. ここでの内容は、2019年7月24日の東京都交通局の岡本誠司氏への聞き取りを参考にして

［注］

【はじめに】

1. 『QR決済（日経BPムック）』2018年、日経BP社。
2. 「2018年はQRコード決済元年だった!?」Citrus Japan、2019年1月22日（https://citrusjapan.co.jp/column/cj-column/w008_201901.html）。
3. 近距離無線通信規格の1つで、かざすだけで周辺機器と通信できる技術。
4. QRコードを使った電子マネー決済を最初に導入したアリババグループのソフト開発に関係した複数の人たちへの聞き取りによる（2019年8月22日）。
5. 「QRコード決済市場　2023年に8兆円規模に」PR Times、2018年11月9日（https://prtimes.jp/main/html/rd/p/000000005.000035568.html）。
6. 一般社団法人日本自動認識システム協会編（2018）『よくわかるバーコード・二次元シンボル　改訂2版』オーム社、p.2。
7. 専門的な話は、本章注6に挙げた書籍を参考のこと。

【第1章】

1. 本章の内容は、野村政弘氏（2019年5月24日、6月5日）、野尻忠雄氏（2019年5月24日）、原昌宏氏（2019年5月29日）への聞き取りと、鈴木修（2010）「ビジネス・ケース　デンソーウェーブ――QRコードの開発・事業化」『一橋ビジネスレビュー』pp.122–140を参考にしている。
2. バーコードリーダーも含めた野村の共同開発者は、後出する岡本敦稔と野尻忠雄だ。
3. 野村政弘（2005）「中部を『ものづくり』のメッカに」『ごきそ』1・2月号。
4. 野村政弘（2004）「トヨタ生産方式におけるバーコードの実用化」『名城論叢』5巻1号、pp.38–39。
5. 鈴木（2010）。
6. 鈴木（2010）p. 125。
7. ここでの内容の詳細は、小川進（2000）『イノベーションの発生論理』千倉書房、第3章を参照のこと。
8. 株式会社デンソー電子応用営業部（当時）神谷芳治氏への聞き取り（1996年6月3日）。

【第2章】

1. 本章は以下の聞き取りをもとに記述している。原昌宏氏（2019年4月4日、5月29日、6月7日、6月17日、7月24日）、渡部元秋氏（2019年6月7日）、長屋隆之氏（2019年6月7日）、内山祐司氏

【著者紹介】

小川　進（おがわ　すすむ）

神戸大学名誉教授、関西学院大学大学院経営戦略研究科教授。

1964年兵庫県生まれ。98年マサチューセッツ工科大学（MIT）スローン経営大学院にてPh.D.取得。MITリサーチ・アフィリエイトを兼務。研究領域は、イノベーション、経営戦略、マーケティング。

主な著作に『イノベーションの発生論理』『はじめてのマーケティング』（ともに千倉書房）、『競争的共創論』『世界標準研究を発信した日本人経営学者たち』（ともに白桃書房）、『ユーザーイノベーション』（東洋経済新報社）がある。

英語論文では、フランク・ピラーとの共著"Reducing the Risks of New Product Development"やエリック・フォン・ヒッペルらとの共著"The Age of the Consumer-Innovator"（ともに*MIT Sloan Management Review*掲載）などがあり、ユーザーイノベーション研究では世界的な評価を得ている。組織学会高宮賞（2001年）、高橋亀吉記念賞（2012年、優秀作）、河上肇賞（2020年、奨励賞）などを受賞。

QRコードの奇跡
モノづくり集団の発想転換が革新を生んだ

2020年2月27日　第1刷発行
2023年4月21日　第3刷発行

著　者――小川　進
発行者――田北浩章
発行所――東洋経済新報社
〒103-8345　東京都中央区日本橋本石町 1-2-1
電話＝東洋経済コールセンター　03(6386)1040
https://toyokeizai.net/

ブックデザイン・DTP……秦　浩司
印　刷……………………図書印刷
編集担当…………………佐藤　敬

Printed in Japan　ISBN 978-4-492-53419-9